भोजपुरी लोक–गीतों में स्वाधीनता आन्दोलन

भोजपुरी लोक-गीतों में स्वाधीनता आन्दोलन

डॉ. सन्तोष कुमार चतुर्वेदी

सम्पादक-अनहद

लोकभारती प्रकाशन

पहली मंजिल, दरबारी बिल्डिंग, महात्मा गाँधी मार्ग, इलाहाबाद-1

लोकभारती प्रकाशन
पहली मंजिल, दरबारी बिल्डिंग, महात्मा गाँधी मार्ग
इलाहाबाद-211 001

वेबसाइट : www.lokbhartiprakashan.com
ईमेल : info@lokbhartiprakashan.com

शाखाएँ : 1-बी, नेताजी सुभाष मार्ग, दरियागंज
नयी दिल्ली-110 002
अशोक राजपथ, साइंस कॉलेज के सामने
पटना-800 006 (बिहार)
36-ए, शेक्सपियर सरणी
कोलकाता-700 017

मूल्य : ₹ 400

प्रथम संस्करण : 2014

इण्डियन प्रेस प्राइवेट लिमिटेड
इलाहाबाद-211002 द्वारा मुद्रित

BHOJPURI LOK-GEETON MEIN
SWADHINTA ANDOLAN
by Dr. Santosh Kumar Chaturwedi

ISBN : 978-81-8031-843-6

माँ के लिए

अनुक्रम

प्रस्तावना

लोक-संस्कृति किसी भी समाज को आधारभूत रूप से जानने का एकमात्र माध्यम होती है। वह जनता जो अपना जीवन प्रकृति से साम्य स्थापित करते हुए जीती है, निरक्षर होने के बावजूद इसके अनुभव बड़े काम के होते हैं। यह लोक अपने मनोभावों, विचारों, प्रतिकारों और निष्कर्षों को सहज रूप में व्यक्त करने के लिए गीतों, कथाओं एवं अन्य कलाओं का सहारा लेता है। यही गीत, कथाएँ एवं कलाएँ अपने समय के जीवन्त दस्तावेज होते हैं। आमतौर पर यह दस्तावेज मौखिक परम्परा से पीढ़ी-दर-पीढ़ी हस्तान्तरित होते रहते हैं। इस लोक-परम्परा का महत्त्व इसी बात में है कि आम जनता के इतिहास को अपने में सुरक्षित रखनेवाला यह एकमात्र माध्यम है। आज जब इतिहास के अध्ययन की धारा बदली है और यह राजमहलों से बाहर निकलकर झोंपड़ियों में रहनेवाले दलित-दमित जनों के जीवन तक पहुँची है तब लोक-संस्कृति का महत्त्व और अधिक बढ़ गया है।

मानव की सामाजिक, राजनीतिक, धार्मिक, सांस्कृतिक आदि सभी चेतनाओं का प्रत्यक्ष अथवा अप्रत्यक्ष रूप लोक-गीतों में समाहित रहता है। अवधी, भोजपुरी, ब्रज, बुन्देली, छत्तीसगढ़ी, मैथिली, मगधी आदि लोक-गीतों में राष्ट्रीय तत्त्व, साहित्यिक तत्त्व, धार्मिक तत्त्व, सांस्कृतिक तत्त्व तथा ऐतिहासिक तत्त्व अनेकानेक परतों में परम्परागत रूप से विद्यमान हैं। इन लोक-गीतों के पीछे जो मार्मिक अनुभूतियाँ, मूक साधना, कसक एवं सजीवता भरी है, वह अन्यत्र दुर्लभ है।

भारतीय इतिहास लेखन की परम्परा में लोक एवं लोक-गीत अभी हाल तक अनुपस्थित रहे। चाहे उपनिवेशवादी इतिहासकार हों, राष्ट्रवादी

इतिहासकार हों, मार्क्सवादी इतिहासकार हों या उपाश्रयी इतिहासकार सबके लेखन से यह प्रायः अछूता ही रहा है। इधर इतिहासकारों का एक वर्ग लोक-गीतों, लोक-परम्पराओं एवं लोक-संस्कृति को अपने अध्ययन एवं लेखन का केन्द्र बना रहा है, जिससे भारतीय इतिहास के अनेक अछूते तथ्य सामने आ रहे हैं।

भारतीय स्वाधीनता आन्दोलन विश्व इतिहास की उन अन्यतम घटनाओं में से एक है जिसने पूरे विश्व के स्वरूप को बदलने की एक ठोस शुरुआत की। द्वितीय विश्वयुद्ध से पस्त साम्राज्यवादी शक्तियों को अपने-अपने उपनिवेशों से अपना बोरिया-बिस्तर समेटना पड़ा। स्वाधीनता आन्दोलन के अन्तर्गत उपनिवेशवादी शासन के प्रतिरोध की एक पूरी शृंखला मिलती है। 1857 का प्रथम स्वतन्त्रता आन्दोलन, कांग्रेस की स्थापना, बंगाल का विभाजन, गाँधी जी के नेतृत्व में चला अहिंसात्मक आन्दोलन, जनजातियों और किसानों का संघर्ष, भारतीय क्रान्तिकारियों द्वारा विदेशों में जाकर स्वाधीनता के लिए किये जानेवाले प्रयत्न जैसे बहुविध आयामवाले इस आन्दोलन ने विश्व के समक्ष एक असाधारण उदाहरण रखा और पराजित जातियों के अन्तरमन में यह विश्वास जगाने का महत्त्वपूर्ण कार्य किया कि आजादी उनका जन्मसिद्ध अधिकार है और यह उन्हें मिलनी ही चाहिए। इन घटनाक्रमों के अब तक जो भी अध्ययन हुए हैं, उन सभी से इसका ऊर्ध्वाधर स्वरूप ही निश्चित हुआ है। इसके क्षैतिज स्वरूप की निर्मिति के लिए लोक की ओर जाना ही पड़ेगा। इस सन्दर्भ में लोक-गीतों, लोक-कहावतों, लोक-मुहावरों आदि का अध्ययन महत्त्वपूर्ण साबित हो सकता है जिनमें अपने समय की सूक्ष्मतम घटनाएँ संजीदगी के साथ अंकित एवं सुरक्षित हैं।

स्वाधीनता संग्राम की समग्र तस्वीर लोक-गीतों, लोक-कथाओं, लोक-मुहावरों आदि के अध्ययन के बिना नहीं तैयार की जा सकती। अवधी, भोजपुरी, मैथिली, बुन्देली, ब्रज, छत्तीसगढ़ी, राजस्थानी आदि लोक-गीतों में इसकी जो विभिन्न छवियाँ हैं इनके द्वारा स्वतन्त्रता संग्राम का एक समानान्तर इतिहास लिखा जा सकता है। चूँकि भोजपुरी मेरी मातृभाषा रही है और भोजपुरी संस्कारों के बीच ही पला, बढ़ा एवं निर्मित हुआ हूँ अतः मैंने अपने इस अध्ययन को स्वाभाविक तौर पर भोजपुरी लोक-गीतों पर केन्द्रित किया है, जिसमें प्रतिरोधी चेतना प्रचुर मात्रा में मिलती है।

यह पुस्तक मुख्य रूप से सात शीर्षकों में इस प्रकार विभक्त है—

1. लोक, लोक-गीत और इतिहास
2. लोक साहित्य और इतिहास लेखन
3. भोजपुरी लोक-गीतों में 1857
4. क्रान्तिकारी आन्दोलन और भोजपुरी लोक-गीत
5. भोजपुरी लोक-गीतों में गाँधी जी
6. भोजपुरी लोक-गीतों में प्रतिरोधी स्वर
7. उपसंहार

इस पुस्तक के अध्ययन हेतु मैंने ऐतिहासिक, विश्लेषणात्मक एवं अनुभवमूलक पद्धतियों का उपयोग किया है। जो वस्तुगत एवं आलोचनात्मक अध्ययन पर आधारित है इसके मूल स्रोत के रूप में लोक-साहित्य से जुड़ी पुस्तकें, पत्र-पत्रिकाएँ, भोजपुरी अंचल के गाँवों में लोगों से लोक-गीत एकत्र करना एवं विषय से सम्बन्धित विद्वानों से बातचीत करना रहा है फिर भी यह मानने में मुझे कोई हिचक नहीं कि मेरे अध्ययन की अपनी सीमाएँ रही हैं और इन्हीं के अन्तर्गत मैं यह पुस्तक प्रस्तुत कर रहा हूँ।

डॉ. सन्तोष कुमार चतुर्वेदी
इलाहाबाद

1

लोक, लोक-गीत और इतिहास

लोक-संस्कृति की आत्मा मूलत: आम जनता होती है। आम आदमी प्रकृति की गोद में जन्म लेता है, पलता है और पूरी दुनिया को देखते-सुनते-गुनते-महसूसते अपना पूरा जीवन बिता देता है। अगर किसी भी देश और समाज को जानना हो तो वहाँ की आम जनता को देखकर ही उसे बेहतर तरीके से जाना-पहचाना जा सकता है। दरअसल यह आम जनता ही किसी समाज, देश या राष्ट्र की संस्कृति निर्मित करती है। वह संस्कृति जिसे हजारीप्रसाद द्विवेदी गुलाब के फूल की खुशबू तो गोपीनाथ कविराज गूँगे के गुड़ की संज्ञा देते हैं। इसी के वितान पर बनती है रूढ़ सभ्यता जिसका अध्ययन हम इतिहास के माध्यम से उस समय-विशेष को जानने के लिए करते रहे हैं।

दरअसल किसी भी देश-काल का 'लोक' समस्त तरीके की कृत्रिमता से अलग जीवन को उसके मूल रूप में जीता है। यहाँ किसी तरीके की बनावट या अहंकार नहीं दिखायी पड़ेगा। यह लोक निरक्षर हो सकता है लेकिन अपने अनुभव में तमाम बुद्धिजीवियों से अधिक ज्ञान सहेजे-समेटे होता है। अपनी संस्कृति, सभ्यता, देश-राष्ट्र, समय एवं समाज पर इनकी पकड़ अद्भुत होती है। यह लोक अपने को बेबाकी से अभिव्यक्त करता है। जब यह अभिव्यक्ति गायन के रूप में होती है तो लोक-गीत बन जाती है, जब यह अभिव्यक्ति कथात्मक रूप में होती है तो लोक-कथा बन जाती है और जब यह अभिव्यक्ति चित्रात्मक रूप में होती है तो वह लोक-कला बन जाती है। ये लोक-गीत, लोक-कथाएँ एवं लोक-कलाएँ अपने अन्दर सहेजे होती हैं सहस्त्राब्दियों की

दास्तान। अगर इन्हें विश्लेषित किया जाय तो ये जीवन्त दस्तावेज के रूप में काम आ सकती हैं। आमतौर पर ये दस्तावेज मौखिक परम्परा में ही होते हैं और इसी प्रारूप में पीढ़ी-दर-पीढ़ी हस्तान्तरित होते रहते हैं। एक लम्बे समय तक हस्तान्तरित होने के बावजूद ये दस्तावेज समय के साथ सामंजस्य बनाये रखते हैं और समय को अपने में समेटते-सहेजते रहते हैं। इस प्रकार हमारा लोक अपनी परम्परा में अपने इतिहास को सुरक्षित रखने का कार्य निरन्तर अपने ढंग से बखूबी करता रहता है।

दीर्घ व्याप्तिवाले इस लोक शब्द की व्युत्पत्ति पर नजर डालने पर इसकी सघनता का अहसास होता है। लोक शब्द वस्तुतः संस्कृत के 'लोक् दर्शने' धातु से 'घञ्' प्रत्यय करने पर निष्पन्न हुआ है।[1] इसका अर्थ होता है— 'देखना'। संस्कृत के लट् लकार में अन्य पुरुष एकवचन का रूप 'लोकते' है। इस प्रकार लोक शब्द का अर्थ हुआ 'देखनेवाला'। समस्त जनसमुदाय जो यह देखने का कार्य करता है 'लोक' की परिधि में आ जाता है। प्रायः जन शब्द लोक का समानार्थी माना जाता है। परन्तु इस शब्द का एक ही अर्थ बहुत पहले से चला आ रहा है। पृथिवी सूक्त[2] में जन शब्द का प्रयोग व्यापक अर्थ में मिलता है। इसके अनुसार विभिन्नताओं के रहते हुए भी धरती के सभी जन एक हैं। पृथिवी सूक्त[3] में जन का धरती पर समान अधिकार स्वीकार किया गया है। पृथिवी सूक्त का जन वास्तव में मानव एकता का सूचक है। जानपद शब्द से भी जन के व्यापक अर्थ की ध्वनि निकलती है।

लोक का अर्थ है—अनेक। एक से अनेक क्यों और कैसे हो गये? वृहदारण्यक उपनिषद् में इसका रोचक वर्णन देते हुए कहा गया है कि पहले प्रजापति हुआ। परन्तु वह भयभीत हो गया। इसी से अकेला पुरुष भय मानता है। उसने यह विचार किया—'यदि मेरे सिवा कोई दूसरा नहीं है तो मैं किससे डरता हूँ। क्योंकि भय तो दूसरे से ही होता है—'तस्माद् एकाकी विभेति।' इसलिए अकेला डरता है। वैदिक ऋषि के इस निष्कर्ष को आधुनिक मनोविज्ञान भी मानता है कि सबमें अपनेपन की भावना से अर्थात् प्रेम से मानव में सुरक्षा की भावना पैदा होती है। स्पष्टतः लोक का आविर्भाव इसीलिए हुआ कि एकाकी डरता है। प्रश्न यह है कि आखिर यह दूसरा कौन था? उत्तर है कि उसने दूसरे की इच्छा की। वही दूसरा हुआ।[4] वह स्वयं दो भागों—पति-पत्नी में बँट गया। पति और पत्नी ने मिल कर सर्वप्रथम 'लोक' का सृजन किया और वे दोनों मिलकर एक थे क्योंकि वे एक ही अखण्ड के दो खण्ड हैं।

सामान्यतया लोगों का ही एक नाम लोक है। अर्थात् जो लोग एक साथ मिल-जुलकर रहते हैं, लेते-देते हैं, बोलते-चालते हैं, तरह-तरह के व्यवहार करते हैं, सम्बन्ध बनाते हैं, लड़ते-भिड़ते हैं। क्योंकि लड़ना-भिड़ना भी एक महत्त्वपूर्ण सामाजिक सम्बन्ध है जिसके नीचे और पीछे लोगों का न्यायबोध, उचित-अनुचित का बोध, संक्षेप में समूचा मानव मूल्यबोध रहता है। जाने या अनजाने, इसी मूल्यबोध के कारण लड़ाई हो जाती है। पहले 'मैं-मैं' होती है तब 'तू-तू' होती है और अन्त में तू-तू-मैं-मैं शुरू हो जाती है। मूल्यबोध या न्यायबोध में अन्तर होने से पहले दोनों ओर से 'वाद' होता है फिर 'विवाद' और फैसला होने पर 'संवाद' अर्थात् मेल। लड़ाई और मेल—दोनों महत्त्वपूर्ण सामाजिक सम्बन्ध हैं। और यहाँ लोगों में ये अनेकविध सम्बन्ध बन जाते हैं उसे लोक कहते हैं।[5]

लोक शब्द का प्रयोग उसके वास्तविक अर्थ में पहली बार उपनिषद् ग्रन्थों में दिखायी पड़ता है। जैमिनीय उपनिषद् में तो स्पष्ट तौर पर कहा गया है कि यह लोक अनेक प्रकार से फैला हुआ है और यह प्रत्येक में व्याप्त है। प्रयत्न करके भी इसे पूरी तरह कौन जान सकता है।[6] पाणिनि ने अपने अष्टाध्यायी में 'लोक' और 'सर्व-लोक' शब्दों का उल्लेख किया है जिससे लौकिक तथा सार्वलौकिक शब्दों की निष्पत्ति होती है।[7] मौर्य सम्राट् अशोक के अभिलेखों में यह लोक 'सब्बो लोको' के रूप में आया है। एक अन्य शिलालेख में 'जान पद पदमा च जनसा' का उत्कीर्णन किया गया है। महाभारत में श्रीकृष्ण ने वेद से पृथक् लोक की सत्ता को स्वीकार किया है।[8] कालिदास ने रघुवंश में धान के खेतों में रखवाली करनेवाली स्त्रियों द्वारा ईख की छाया में बैठकर लोक-गीतों के गाने का उल्लेख किया है।

भवभूति ने उत्तररामचरित में राम को आदर्श शासक के रूप में चित्रित करते हुए उनसे कहलाया है—राज्य, सुख और दया को यहाँ तक कि सीता को भी, लोक के आराधन हेतु छोड़ते हुए मुझे व्यथा न होगी।[9]

वास्तव में 'लोक' शब्द का मूल मन्तव्य 'सब' से है। वेदों में यह विश्व का पर्याय है।[10] आगे चलकर इसका अपना अर्थ हो गया—विश्व यानी संसार, दुनिया। विश्व का यही अखिल और अखण्ड रूप लोक शब्द में झलकता है। 'लोक' शब्द इस प्रकार 'लोग' शब्द से जुड़ा है जिसके साथ अनेक सांस्कृतिक कड़ियाँ जुड़ी हुई हैं। लोक 'अनेक' होते हुए भी 'एक' होता है। वेदों में देवों के बहाने इसे इस प्रकार अभिव्यक्त किया गया है—

इस अनेक को एक सूत्र से जोड़नेवाली तमाम चीजें होती हैं—मसलन क्षेत्र, भाषा, बोली, संस्कृति, धर्म, कुल, परिवार आदि। इन सबसे लोगों के बीच परस्पर लगाव एवं भाव-सम्बन्ध स्थापित होता है। कभी-कभी टकराव के मौके भी आते हैं और यह टकराव भी लोक की विशिष्टता में शामिल हो जाता है। इसे व्याख्यायित करते हुए सुन्दर उदाहरण दिया जाता है कि जहाँ पर भी दो बर्तन होते हैं खट-पट तो होती ही है। चुप्पी या सन्नाटा तो आभिजात्य एवं शहरी वर्ग की संस्कृति है जहाँ रोने-गाने, जोरों से बातें करने, हँसने-जैसी प्राकृतिक क्रियाओं पर पाबन्दी लगा दी जाती है जब कि लोक बेतकल्लुफी से बात करता है। ठठाकर हँसता है। जब जी करता है रो-हँस लेता है बिना किसी की परवाह किये। क्योंकि यह लोक का जीवन है।

आधुनिक काल में लोक शब्द की व्याख्या एवं व्याप्ति पर व्यापक रूप से विमर्श किया गया है। यूरोपीय भाषाओं में लोक के लिए Folk शब्द का प्रयोग किया जाता है। Folk शब्द की उत्पत्ति ऐंग्लो-सेक्शन शब्द 'Folo' से मानी जाती है। जर्मन भाषा में इसके लिए 'Volk' शब्द प्रयुक्त किया जाता है। डॉ. बार्कर ने Folk शब्द की व्याख्या करते हुए कहा है कि—इस शब्द से सभ्यता से दूर रहनेवाली किसी पूरी जाति का बोध होता है। वस्तुतः इसका अर्थ यदि विस्तृत रूप से लिया जाय तो किसी सुसंस्कृत राष्ट्र के सभी लोग इस नाम से पुकारे जा सकते हैं।[11] 1774 ई. में जे. डी. हर्डर ने फॉकस्लाइड (Volkslied) अर्थात् (Folk Song) लोक-गीत शब्द का प्रचलन किया।[12] 18वीं शताब्दी के अन्त में लोक-कथाओं के सन्दर्भ में ही एक अन्य शब्द (Volksage) hāBaneepe kāe Ghelüe DejcYenDe[13] सर्वप्रथम जान आब्रे ने 1687 में आम जनता के रीति-रिवाज, रहन-सहन, अन्धविश्वास आदि का अध्ययन शुरू किया।

1846 ई. में विलियम जॉन थामस जब Volkskunde का अनुवाद जर्मन से अंग्रेजी में कर रहे थे तो उन्होंने पहली बार Folklore शब्द का प्रयोग किया। इसके लिए 1850 ई. में फॉक्सकॉसपील (Volkschauspiel) शब्द का उपयोग होने लगा। यूरोप के विभिन्न देशों में इसी तर्ज पर कई शब्दावलियाँ प्रचलन में आयीं। स्वीडिश में फॉक वाइजर, इटैलियन में कैण्टी पोपलरी (Cantipoplari), रूसी में नरोदनीपेसनी (Narodnypesni) तथा हंगेरियन में नेबदालोक (Nepdalok)

शब्दों का व्यवहार आरम्भ हुआ। इस प्रकार जे. डी. हर्डर ने ही आभिजात्य संस्कृति के विरोध में लोकप्रिय संस्कृति कल्चर देस फॉक्स (Kultur-Des-Volkes) की शुरुआत करने का महत्त्वपूर्ण कार्य किया।

वस्तुत: इस समय तक विचारकों एवं बुद्धिजीवियों ने इतिहास को करवट लेते साफ-साफ देखा-सुना-महसूस किया। राजतन्त्र धराशायी होने लगा था। सामन्तवादी प्रवृत्तियाँ जन्म लेने लगी थीं। संसदीय शासन-प्रणाली आधुनिक विश्व में अपना रूपाकार ले चुकी थी। मध्यम वर्ग अब सत्ता में अपनी भागीदारी के लिए बेचैन होने लगा था। शासन के मूल में अब 'जनता का, जनता द्वारा, जनता के लिए' मन्त्र की अनुगूँज जन्मने की शुरुआत हो चुकी थी। इसी क्रम में विचारकों ने राजाओं-महाराजाओं से अलग हटकर अब समाज और समाज के लोगों पर अपनी नजर डाली।

लोक का सम्भवत: यही दबाव रहा होगा कि अब बौद्धिक वर्ग उसकी ओर उन्मुख हुआ और लोक-व्यवहार एवं संस्कृति के संकलन और अध्ययन का कार्य शुरू हुआ। यूरोप में लोकप्रिय संस्कृति के प्रमुख पैरोकार जे. डी. हर्डर ने यह सिद्धान्त स्थापित किया कि पुनर्जागरण के बाद विश्व में पुरानी कविता का नैतिक प्रभाव लोक-गीतों में ही सुरक्षित है। इसी सिद्धान्त को आगे बढ़ाते हुए ग्रीम ने लोकप्रिय संस्कृति की सामुदायिकता के सिद्धान्त को स्थापित किया। इन दोनों विद्वानों के प्रभाव में यूरोप में अब राष्ट्रीय लोक-गीतों के संकलन निकलने प्रारम्भ हो गये।[14]

जनता की ये नयी प्रवृत्तियाँ आभिजात्य वर्ग के लिए स्वीकार्य नहीं थीं। वे भला अपनी सुख-सुविधाएँ, विशेषाधिकार, सत्ता-सुख छोड़ना कैसे बरदाश्त करते। वे अपनी सुख-सुविधाओं में आम आदमी के हिस्सेदारी की बात आसानी से कैसे स्वीकार करते। इसीलिए इस वर्ग ने आम जनता की इस प्रवृत्ति को गँवारू प्रवृत्ति का नाम दिया। यह जानना कम रोचक नहीं है कि Folk = Volk के अर्थ में गँवारू लोग, उपेक्षा के योग्य जन जिनकी कहीं कोई गिनती नहीं, की ध्वनि आज भी सुनी जा सकती है। इसी ध्वनि को अपना स्वर देते हुए जब अंग्रेजीदाँ नौकरशाह अकड़कर अपने अधीनस्थों को कहता है—You Folk[15] तब इसे महसूस किया जा सकता है। Folk शब्द को जिन कुछ विद्वानों ने असंस्कृत लोगों के लिए व्यवहृत किया है उनमें प्रोफेसर चाइल्ड, किटेरेज, सिजविक, गुभेर और लूसी पौण्ड के नाम महत्त्वपूर्ण हैं। ध्यातव्य है कि ये सभी

विद्वान् आभिजात्य कुलों के होने के साथ-साथ आभिजात्यता की रक्षा के लिए रचनात्मक मोर्चे पर भी पूरे जोरो-शोर से सक्रिय थे।

तमाम किन्तु परन्तु के बावजूद Folk शब्द के केन्द्र में समय के साथ आम आदमी रचता-बसता चला गया। आदमी को आदमी की तलाश थी और इसी क्रम में Volkskunde = Folklore का उदय हुआ। लोक अर्थात् मामूली आदमी, उसकी पीड़ा और कसक, उसके गीत और क्रन्दन, उसकी आस्थाएँ, विश्वास, व्यंग्य-विनोद, चुटकी-चुटकुले, कथा-कहानियाँ, लोकोक्तियाँ, रीति-परम्पराएँ, उत्सव, मान्यताएँ और मनौतियाँ और वह सब-कुछ जो उसे अज्ञात स्रोतों से प्राप्त हुए हैं, पैदा होने के क्षण से, जन्म-संस्कार के रूप में जिन्हें वह बपौती के रूप में अनायास और अनजाने इसलिए स्वीकार कर लेता है कि उसकी आत्मा को समीपतम अनुगूँज उसमें मिल जाती है, जैसे वे अपने ही मन की बातें हों। मामूली आदमी इन्हीं में रमता, रहता और जीता है।[16]

इनसाइक्लोपीडिया ब्रिटेनिका के अनुसार Folk आदिम जाति के उन सभी व्यक्तियों का बोधक है जिनसे वह समुदाय बना है। व्यापक सन्दर्भ में इस शब्द को किसी सभ्य राष्ट्र की समग्र जनसंख्या के लिए प्रयुक्त किया जा सकता है। इसका साधारण अर्थ लोकवार्त्ता एवं लोक-संगीत आदि संकुचित रूप में उन्हीं के लिए आता है जो नागरिक संस्कृति तथा शिक्षा के बाहर पड़ जाते हैं, अथवा जो निरक्षर हैं, अथवा नव-साक्षर हैं, अथवा ग्रामों या जनपदों में निवास करते हैं।[17]

इनसाइक्लोपीडिया ऑफ सोशल साइन्सेज में Folklore का शाब्दिक अर्थ असंस्कृत लोगों का ज्ञान कहा गया है।[18] एस. आर. मरेट के अनुसार लोक साहित्य एक गतिशील विज्ञान है।[19] जी. एल. गोमे ने इसे ऐतिहासिक विज्ञान माना है।[20] प्राचीन परम्पराएँ सतत रूप में आगे बढ़ती जाती हैं। उनके रूप समय के साथ चाहे बदल जायें लेकिन वे हमेशा गत्यात्मक ही रहती हैं। इसी कारण लोक को सर्वदेशीय, सर्वकालीन एवं सर्वसम्मत कहा गया है।

हिन्दी में Folk का अर्थ ग्राम, जन अथवा लोक के रूप में प्राप्त है। रामनरेश त्रिपाठी का Folk शब्द के लिए ग्राम शब्द पर अत्यधिक आग्रह है। इसी आधार पर उन्होंने Folk-song का हिन्दी पर्याय ग्राम-गीत स्वीकार किया है।[21] लेकिन ग्राम शब्द लोक की उदात्तता को संकुचित करता है, अतः त्रिपाठी जी के विचार को पूरी तरह स्वीकार नहीं किया जा सकता।

हजारीप्रसाद द्विवेदी ने 'लोक' की व्याख्या करते हुए कहा है कि लोक शब्द का अर्थ जनपद या ग्राम नहीं बल्कि नगरों और गाँवों में फैली हुई समूची जनता है जिनके व्यावहारिक ज्ञान का आधार पोथियाँ नहीं हैं।[22] जन शब्द में सभी मानव जाति का समावेश किया जा सकता है। इसी जन से जनपद, जनचेतना, जनप्रवाह आदि शब्द प्रचलित हैं। वस्तुत: अंग्रेजी का Folk लोक का पर्याय होकर भी उस व्यापक अर्थ को धारित नहीं करता जिस अर्थ में भारतीय सन्दर्भ उसे ग्रहण करता है।

डॉ. वासुदेव शरण अग्रवाल लोक शब्द की व्याख्या करते हुए कहते हैं—लोक हमारे जीवन का समुद्र है। उसमें भूत-वर्तमान-भविष्य सभी कुछ संचित रहता है। वह राष्ट्र का अमर स्वरूप है। कृत्स्न ज्ञान और सम्पूर्ण अध्ययन में सब शास्त्रों का पर्यवसान है। अर्वाचीन में मानव के लिए लोक सर्वोच्च प्रजापति है। लोक और लोक की धात्री सर्वभूतरता पृथिवी और लोक का व्यक्त रूप मानव यही हमारे नये जीवन का अध्यात्मशास्त्र है। इसका कल्याण हमारी मुक्ति का द्वार और निर्माण का नवीन रूप है। लोक, पृथिवी और मानव इस त्रिलोक में जीवन का कल्याणात्मक रूप है।[23]

लक्ष्मीधर वाजपेयी के अनुसार लोक का तात्पर्य सर्वसाधारण जनता है तथा दीन-हीन, दलित-शोषित, पतित-पीड़ित और जंगली जातियाँ कोल,भील, सन्थाल, गोंड़, नाग, शक, हूण, किरात, पुक्कस, यवन, खस आदि लोक-समुदाय मिलकर लोक की संज्ञा को प्राप्त होता है। इन सबकी सम्मिलित संस्कृति ही भारतीय संस्कृति है। यूँ तो इन सबका अपना अलग-अलग देश-काल और वर्तमान है। सब लोगों के रहन-सहन, पहनाव-ओढ़ाव, वेशभूषा, शादी-ब्याह, उत्सव, संस्कार, नृत्य, गीत, कला-कौशल के भिन्न-भिन्न प्रकार सब अलग-अलग दिखायी देते हैं पर 'सूत्रे मणिगणा इव' एक ऐसा सूत्र है जिसमें इन सब मणिगणों की माला पिरोयी हुई है।[24]

डॉ. सत्येन्द्र ने लोकवार्त्ता की व्याख्या करते हुए लिखा है कि 'लोकवार्त्ता विशद अर्थ रखता है। समस्त आचार-विचार जिसमें मानव का परम्परिक रूप प्रत्यक्ष होता है और जिसके स्रोत लोकमानस में पाये जाते हैं तथा जिनमें परिमार्जन और संस्कार की चेतना काम नहीं करती। लौकिक धार्मिक विश्वास, धर्म-गाथाएँ, कथाएँ, लौकिक-गाथाएँ, कहावतें, पहेलियाँ आदि सभी लोकवार्त्ता के अंग हैं।[25]

डॉ. सुनीति कुमार चटर्जी ने लोकवार्त्ता की व्याख्या इस तरह से की है— 'पितृ परम्परागत जीवनयात्रा की पद्धति, जिन सामाजिक अनुष्ठानों, विश्वास, विचारों तथा वाङ्मय से अपने अलौकिक प्रकाश को प्राप्त करती है वही अंग्रेजी में Folklore है।[26] वे Folklore का पर्याय 'लोकायन' मानते हैं। डॉ. भोलानाथ तिवारी ने इसी लोकायन शब्द को लोक साहित्य के लिए सर्वाधिक उपयुक्त माना है। लोक-शास्त्र, लोक-विज्ञान, लोक-परम्परा लोक-प्रतिभा, लोक-प्रवाह, लोक-पथ, लोक-विधान, लोक-संग्रह, लोक-अयन आदि शब्दों की ओर तिवारी जी ने संकेत किया है किन्तु उनका सर्वाधिक आग्रह लोकायन पर ही है।[27]

विद्वज्जनों की उपर्युक्त परिभाषाओं, मान्यताओं से गुजरने के पश्चात् यह स्पष्ट होता है कि 'लोक साहित्य' ही वह शब्द है जो लोक-भावना को स्पष्ट तौर पर प्रतिबिम्बित करता है। इसे ग्राम-साहित्य एवं शहरी-साहित्य अथवा निम्नवर्गीय साहित्य एवं आभिजात्यवर्गीय साहित्य में बाँटना इसकी परिधि को संकुचित करना होगा। वास्तव में इसका एक व्यापक दायरा है जिसमें ग्राम से लेकर शहर तक एवं निम्न वर्ग से लेकर आभिजात्य तक आ सकता है। यहाँ आभिजात्य का मतलब उस वर्ग से है जो जन्मा-पला-बढ़ा तो आभिजात्य कुल में है, पर उसकी सोच में लोक है। वह श्रम को तरजीह देता है एवं लोक की अभिवृद्धि के लिए सदैव प्रयासरत रहता है। लोक के साथ जीता-मरता है। दरअसल ऐंग्लो-सेक्शन मूल शब्द लार (Lar) ज्ञान के अर्थ में प्रयुक्त किया गया है और इस अर्थ में ज्ञान के संचित स्वरूप का नाम ही साहित्य हो सकता है। इस प्रकार लोक साहित्य से अभिप्रेत है—लोकमानस की सांस्कृतिक अभिव्यक्ति, जिसमें संस्कृति लोक-जीवन का महत्त्वपूर्ण अवयव है तथा जिसका प्रकटीकरण वार्त्ता, गीत, गाथा, कथा, नृत्य, टोने-टोटके गीतों आदि में हुआ है।[28] हमारे विचार से इसमें श्रमगीतों एवं कृषि गीतों तथा लोक-गाथाओं को भी अनिवार्यत: शामिल किया जाना चाहिए जिससे लोकसाहित्य का एक पूरा वितान बनता है। इसमें लोक का सुख-दु:ख, हर्ष-विषाद-अवसाद, प्रसन्नता-घृणा आदि अभिव्यक्तियाँ समाहित होती हैं और इसके माध्यम से लोक इसे समाज में खुले तौर पर जाहिर कर देता है जिसे आम तौर पर वह कहने की कल्पना तक नहीं कर सकता। इस अर्थ में लोक की व्याप्ति और सन्दर्भ बहुत विस्तृत आयामवाला हो जाता है।

लोक-गीत

लोक जहाँ जिस जगह पर रहता है वह आपस में मिलता-जुलता और अपने को अभिव्यक्त करता है। इसे 'लोकवृत्त' की संज्ञा दी गयी। प्रोफेसर बी. ए. बोटकिन ने इसे व्याख्यायित करते हुए कहा है—Whenever you find people, you find folklore that is a body of traditions, collective symbols and myths, folkways and folksay, rooted in a place and in ways of living and looking at life.[29] यही 'लोकवृत्त' आधार बनता है—'लोकवार्त्ता' (Folklore) का। लोक एक साथ रहने के क्रम में तमाम तरह से आपस में जुड़ता है। अपने को अनेक रूपों में प्रस्तुत करता है। कभी उसे मजाक सूझता है और वह हास्य-व्यंग्य का सृजन करता है। कभी वह स्वर-लहरियों में खोने लगता है और वह गीत का सृजन करता है। कभी वह रात को अपनी सन्ततियों से अपने जीवनानुभव को कथाओं के माध्यम से अभिव्यक्त करता है। कभी वह गुस्सा होता है और एक-दूसरे से टकराहट के क्रम में तनावपूर्ण बातें होती हैं—गाली-गलौज होती हैं। कभी वह अपने यहाँ आये अतिथियों का अभिवादन स्वागत-गीत के रूप में करता है। एक वाद के अनुसार हमारे आदिम लोक-गीत वस्तुत: श्रम के गीत हैं—खेत जोतने-बोने, निराई-गुड़ाई करने, धान-रोपने, फसल काटने, फसल की मड़ाई करने, धान कूटने, गेहूँ पीसने आदि अवसरों के लोक-गीत जिनकी लय गति का सूक्ष्म अध्ययन फ्रांसीसी लोक-वार्त्ताविद् के. बुचर (K. Bucher) ने किया है।[30]

जोविकोपार्जन और इससे सम्बद्ध इतिहास को लोकवार्त्ता का मूल माननेवालों में कार्ल मार्क्स एवं मैक्सिम गोर्की का नाम प्रमुख है। नि:सन्देह हमारे अनेक गीत, गाथाएँ, कथाएँ, रीतियाँ, उत्सव और नृत्य आदि का सीधा सम्बन्ध खेती और इससे जुड़ी हुई क्रियाओं से है।[31] लोकवार्त्ता पूरे, समूचे, सर्वाङ्ग जीवन को गहराई तक स्पर्श करती है। अतएव जीवन्त इतिहास ही लोकवार्त्ता के पीछे सर्जक-शक्ति मानी जानी चाहिए, वह नहीं जो मृत युगों का मात्र प्रतिबिम्ब अथवा भूली-बिसरी स्मृतियों का अवशेष माना जाता है।

वस्तुत: इतिहास अतीत तक उतना ही पहुँचने का प्रयास करता है, जितना सम्भव हो। उसका एक काम समाज को अपनी पहचान देना है। इस सीमा तक उसका रूप जीवन्त है। यह जीवन्त सारभाग ही वस्तुत: लोकवार्त्ता है। वही

लोकवार्त्ता जिसकी जड़ें धरती की गहराई में, मन की गहराइयों में, अतीत के गर्भ में दूर तक जाती हैं और जिसकी फुनगी अनन्त भविष्य तक फैली हुई है।

लोक अपनी स्मृतियों को अपनी तरह से सुरक्षित रखता है। घटनाओं को देखने का इसका अपना नजरिया होता है। आदिम युग में व्याप्त कुछ सामाजिक मान्यताएँ आज तक निरन्तर चली आ रही हैं। विज्ञान ने हमारी तर्क शक्ति का क्रमश: विस्तार किया है। अन्धविश्वासों का खण्डन किया है परन्तु लोक विश्वास हमारे मानस में कुछ ऐसे जड़ जमाये बैठे हैं जिसे निकाल पाना किसी विज्ञान के बस की बात नहीं। एक उदाहरण के द्वारा शायद इस बात पर विस्तार से रोशनी पड़ सके।

लोगों में खासतौर पर बच्चे को नजर लग जाने और दीठ उतारने के उपाय आज भी वैश्विक स्तर पर भिन्न-भिन्न रूपों में प्रचलित-प्रसरित हैं। बुरी नजर कैसे लग जाती है—इस प्रश्न पर दृष्टिपात करते हुए हेलियोडोरस कहता है—

When anyone looks at what is excellent with an envious eye, he fills the surrounding atmoshphere with a pernicious quality and transmits his own envenomed exhalations into what is neareast him.[32]

अर्थात् जब कोई आदमी किसी उम्दा चीज को ईर्ष्या से भरी आँखों से देखता है तो वह चारों ओर के वातावरण को एक विषाक्त प्रभाव से भर देता है, और अपनी विषाक्त साँसों को अपनी निकटतम वस्तु तक पहुँचा देता है।[33]

हेलियोडोरस का यह विचार 4000 वर्ष पूर्व का है। तब मिस्री, असीरियाई, बेबीलोनी, यूनानी और रोमन लोग कुदृष्टि से अत्यन्त भयभीत रहते थे।[34] और इसके प्रभाव से बचने के अनेक उपाय किया करते थे। आज भी लोगों को नजर से अनिष्ट की आशंका रहती है। हमारे यहाँ माँ अपने बच्चे को अनिष्ट से बचाने के लिए आज भी माथे पर तिरछी ओर काजल का टीका लगाती है।[35] इस प्रकार स्पष्ट है कि इतिहास जब भी मरने लगता है या भुला दिया जाता है, तब भी लोकवार्त्ता जीवित रहती है।

लोकवार्त्ता का सृजन अन्तरतम से होता है और चूँकि उसमें उन्मुक्तता होती है अत: इसे बचाये-बनाये रखने के पीछे लोक-स्वीकृति का बहुत बड़ा बल होता है। लोक इसे बिना हिचक के स्वीकार करता है, इसे अपने जीवन में जीता है और इस क्रम को आगे बढ़ाता रहता है। यह लोक-जीवन, अर्थात् सबका जीवन 'कुछ' का नहीं जिसमें सभी विशिष्ट वर्ग अथवा जन मिलकर एक

सामान्य अ-विशिष्ट अर्थात् मामूली हो जाते हैं। मेला, उत्सव, सड़क, रेल यात्रा करते हुए जब बिना किसी भेदभाव, बिना किसी विशिष्टता को ध्यान में रखे जीवन जीते हैं तो हमें लोक-जीवन की झलक मिल जाती है। कोई किसी का बहुत बुरा नहीं मानता। लोक उन्मुक्त होकर हँसते-गाते हैं, कहते-सुनते हैं, हँसी-व्यंग्य होता है, नयी-नयी बातें सुझाते हैं। लोक-जीवन की इस उन्मुक्तता में भाषा भी अपनी शालीन व्याकरणबद्धता से छूट जाती है। लोग लोक बोली बोलते हैं। लोकवार्त्ता का लचीलापन उसे जीवन्त और अमर बनाता है। लोकवार्त्ता के सार्वभौम एवं सनातन तत्त्वों में सहज रुचि, आकर्षण के स्रोत हैं जो सामयिक होते हुए भी समयहीन (Timeless) होता है या समय के पार होता है।

बोटकिन महोदय के अनुसार लोक-गीत की यही ताकत है कि वह रचा तो किसी एक लोक-कवि द्वारा जाता है, गाया तो किसी एक लोक-गायक द्वारा जाता है लेकिन जनमानस द्वारा उसे इस आधार पर स्वीकार कर लिया जाता है कि 'एक की सूझ में अनेकों की सूझ' छिपी होती है। समय में इस लोक-गीत की इतनी पैठ होती है कि लोग उसके कर्त्ता को भले ही भुला देते हैं लेकिन कृति को नहीं भुला पाते।[36] वस्तुत: प्रत्येक मन की गहराइयों में प्रविष्ट अति-वैयक्तिक लोक मानस होता है, जो लोकवार्त्ता का सृजन करता है और उसकी सृष्टि को अपनी स्वीकृति भी देता है। मैसन जिसने इंग्लैण्ड में लोक-गीतों का प्रथम संग्रह सेसिल शार्प के साथ किया—कहता है कि समष्टि मन (Collective mind) अपने चारों ओर की घटनाओं, प्रभावों, तत्त्वों को रख लेता है जिसे वह आत्मसात् कर सके।[37] यही लोकवार्त्ता की ताकत है कि उसमें लोक का सब-कुछ समाहित होता है। यही वजह है कि यह भुलाया नहीं जाता। इसकी परम्परा कभी रुकती-थमती नहीं। परम्परा इसकी रीढ़ होती है। इसी से यह चलती-फैलती[38] और आगे बढ़ती रहती है।

लोकवार्त्ता का सीधा सम्बन्ध लोक स्वभाव से होता है। जिसका जितना फैलाव है उसकी उतनी गहराई भी है। इस लोक स्वभाव में अपने को हमेशा याद रखने, अपनी पहचान बनाने, अपनेपन की रक्षा करने की सहज और सनातन प्रवृत्तियाँ हैं। यही प्रकृतियाँ लोकवार्त्ता को जीवित रखती हैं।[39] इसे कार्ल मार्क्स के इस विचार के आलोक में रखकर देखा जा सकता है कि लोकवार्त्ता मानव-समाज के बचपन को सँजोती है—The childhood of human society.

और वह बचपन, सबके बचपन की तरह रस और रंगीनियों के कभी न मरनेवाले जादू से लबालब भरा रहता है। सदैव प्रत्येक युग का सरलतम सत्य उसके बचपन में साफ झलकता है।[40] और मनुष्य अपने बचपन को कहाँ भूल पाता है। वह उसके मानस-पटल पर आजीवन छाया रहता है। बार-बार उसमें डूबता-पैठता है। और यादों के मोती चुनकर उपराता है। इस प्रकार लोकवार्त्ता, लोक का शैशव है, अमर और अमिट जिसकी पुनरावृत्ति नहीं होती—ठीक शैशव की ही तरह।

लोक-जीवन के उदय, विकास एवं विस्तार के लिए संगीत विशेषत: लोक संगीत अत्यन्त आवश्यक है। एलन लोमेक्स इसे व्याख्यायित करते हुए कहते हैं—The first function of music, especially of folk music is to produce a feeling of security for the listners by voicing the particular quality of a land and the life of people....for music is a magical summing up of the patterns of family, of love, of conflict and of work which gave a community its special feel and which shape the personalities of its members. Folk-song calls the native-back to his roots and prepares him emotionally to dance, worship, work, fight or make love in the ways to normal to his place.[41]

अर्थात् लोक संगीत का पहला काम है लोगों में सुरक्षा की भावना को दृढ़ करना। उनके जीवन व उनकी भूमि के उस गुण को वाणी देकर जो उनकी अपनी विशिष्टता है, जो उनका अपनापन है। संगीत में, जादू की तरह, वह सब-कुछ सिमट आता है जिसमें उसके कुल, कुटुम्ब की निजता समायी रहती है। उनके स्नेह-संघर्ष काम आदि का वह रूप झलक उठता है जिसने उनके समाज में अपनेपन की विशिष्ट अनुभूति पैदा की, जिसने व्यक्तियों के व्यक्तित्व का निर्माण किया। लोक-गीत आदमी को अपने मूल की ओर लौटने को इंगित और आह्वान करता है। वह अपने समुदाय में अपने स्थान पर रहकर नाचने, पूजा करने, काम करने, लड़ाई लड़ने अथवा प्रेम करने के लिए भावनाओं के उद्रेक द्वारा उसे तैयार करता है।

डॉ. कृष्णचन्द्र शर्मा के शब्दों में लोक-गीत लोक-जीवन के स्वर हैं। इसीलिए समय-समय पर गीतों के लय और स्वर मर्म के उद्वेलन की भारी क्षमता रखते हैं। भारतीय जन-जीवन, 'निषेकादि श्मशानान्त' गीत-सीमाओं से

घिरा है। इनके द्वारा हमको लोक-जीवन का सर्वाङ्ग चित्र देखने को मिलता है। वास्तव में लोक-गीत वह दर्पण है, जिसमें हमारे अतीत, वर्तमान तथा भविष्य तीनों का आभास जगता है। और भी लोक-गीत समाज के तापमापक एवं सामाजिक परिवर्तन के ऋतूद्घोषक हैं, तथा उच्च जीवनमानों के रक्षक एवं प्रतिष्ठापक भी। लोक-गीत हमारे आचार-शास्त्र हैं।[42]

उपर्युक्त उद्धरण लोक-गीतों की शक्ति को उद्घाटित करता है। वे लोक-गीत जो अपनी मार्मिकता के कारण लोक-जीवन की सच्ची, समीपतम और प्रियतम अभिव्यक्तियाँ हैं। सम्भवत: मानव की पहली भाषाकाव्य रूप में ही रही होगी, जो गीत में अभिव्यक्ति हुई। इस प्रकार लोक के साथ ही गीत का जन्म हुआ।[43]

लोक-गीत लोक के दु:ख-दर्द की अभिव्यक्ति होने के साथ-साथ उनके एकजुट होने का भी सशक्त माध्यम होते हैं। लोक-गीत की यही शक्ति होती है। वह अपने-जैसे अनेकानेक लोगों को एक सूत्र में जोड़ने का महत्त्वपूर्ण कार्य करता है। लोक-गीत इन लोगों को सामूहिकता से जोड़कर एक ऐसी शक्ति प्रदान करता है जिसके बल पर ये कुछ भी कर गुजरने को तैयार हो जाते हैं। हरद्वारीलाल शर्मा ने ऐसे दो उदाहरण दिये हैं जिसमें संगीत और लोक-गीत ने राष्ट्र अथवा समान 'लोक' के निर्माण में अपना महत्त्वपूर्ण योगदान दिया। पहला उदाहरण अमरीकी नीग्रो का है, जो अलग-अलग अफ्रीकी मूलों से काटकर वहाँ पर दास के रूप में जबरन लाये गये थे। इनकी तकलीफें समान थीं। 1856 ई. में एक अमरीकी गोरे लेखक ने लिखा—यदि इस देश में कोई संगीतमय लोग हैं तो वे नीग्रो हैं। अफ्रीकी नीग्रो भिन्न-भिन्न मूलों से उखड़कर आने के बावजूद अपनी संगीतमय संस्कृति साथ लाये थे और उनका संगीत नयी सीखी हुई भाषा में निबद्ध हो गया। इस संगीत में उनका जीवन गा उठा। उनके विषाद के स्वर गूँज उठे। उनका दु:ख, करुणा और कठिनाई, दास-जीवन की अमानुषिक यातनाएँ मुखरित हुईं। उनके ये गीत बन्धक जीवन के गीत थे और वे ऐसे मार्मिक प्रभाव के साथ गाये गये थे—एक ही साथ—जांगलिक, कोमल, हवा में तैरते हुए, सुकुमार।[44] इस प्रकार संयुक्त राज्य अमरीका में बसनेवाले वे नीग्रो, जिनका मूल स्वयं अफ्रीकी महाद्वीप के भिन्न-भिन्न देशों में था, ज़िनकी अपनी खुद की अलग-अलग बोली और संस्कृति थी, गीत गाकर एक हो गये। स्वयं को एक महसूस करने लगे। इन गीतों ने

उन्हें वह निष्ठा प्रदान की जिसके सहारे वे यातनाओं के बीच भी जीने का जज्बा पा सके।[45] इसी संयुक्त राज्य अमरीका में 1864 ई. में गृहयुद्ध के दौरान जनरल राबर्ट ई. ली ने कहा—मैं कल्पना भी नहीं कर सकता कि संगीत के बिना कोई सेना भी हो सकती है।[46] गृहयुद्ध के काल में वहाँ, अथवा संकट-काल में सभी देशों और जातियों में समान नारों और उद्‌गारों के साथ, समान गीत बनाये व गाये जाते हैं जिनसे एकता को बल मिले, राष्ट्र का मनोबल ऊँचा रहे। भारतीय स्वाधीनता आन्दोलन के दौरान बंकिमचन्द्र चटर्जी के गीत 'वन्देमातरम्' ने भी क्रान्तिकारी भूमिका निभायी, जिसे स्वतन्त्रता पश्चात् 'राष्ट्रगीत' का दर्जा दिया गया। इसी तरह बाँग्लादेश के निर्माण में रवीन्द्रनाथ टैगोर के 'आमार सोनार बाँग्ला' की महत्त्वपूर्ण भूमिका रही जिसे आगे चलकर वहाँ के राष्ट्रगीत का दर्जा दिया गया।

वस्तुत: लोकवार्त्ता का सबसे सुकुमार और अत्यन्त समर्थ अंश है गीत। न इस जैसा अन्य कुछ कोमल और मधुर है और न ऐसा मर्मस्पर्शी। लोक-जीवन को रूपाकार देने के लिए इसके बराबर कुछ भी नहीं। एलन लोमेक्स के अनुसार—गीत का एक कार्य—यद्यपि, हालाँकि दूसरे भी हैं, सहभावनाओं को व्यक्त करना है, और मानव-समुदाय की सम्मिलित क्रियाओं को रूपित करना है।[47]

गीत मानव-मन के सबसे करीब होते हैं। इसी कारण वह जुबान पर जल्दी चढ़ते हैं और अनन्त काल तक स्मृति में बने रहते हैं। हमारे प्राचीन साहित्य का अधिकांश काव्य गीत रूप में है। चार वेदों की परम्परा में आनेवाला सामवेद, मूलत: गेय गीतों का ही संकलन है। वेद, शास्त्र, उपनिषद्, पुराण, रामायण, महाभारत—जैसे महाकाव्य, जिनके आधार पर संस्कृत महाकवियों के अन्यान्य महाकाव्य तथा प्राकृत और हिन्दी, बँगला, गुजराती, मराठी, तमिल, तेलुगु, कन्नड़, उड़िया, मैथिली, गुरुमुखी आदि में सैकड़ों सन्त-महात्माओं के लिखे हुए सन्त काव्य लोक-संस्कृति के वाङ्मय शरीर हैं। नामदेव दरजी, रैदास भगत, गोरा कुम्हार, सदन कसाई, तुकाराम कुनबी, कबीर जुलाहा, नाभादास, अब्दुर्रहीम खानखाना, रसखान, शेख रंगरेजिन मुहम्मद सबके उपदेश उसी संस्कृति को लेकर चले हैं, जो हमारे प्राचीन काव्य-साहित्य की परम्परा है।[48] इस लोक काव्य गीत की एक प्रमुख विशेषता यह भी है कि इसमें गूढ़-से-गूढ़ बात को भी आसान तरीके से कहा—समझा दिया जाता है।

कबीर और तुलसी की रचनाएँ दिखने में तो बहुत सरल होती हैं परन्तु वे अपने अन्दर गूढ़ आध्यात्मिक, दार्शनिक ज्ञान सँजोये रखती हैं। रहीम ने अपने अति साधारण लगनेवाले दोहों में जीवन के गूढ़तम अनुभवों को सहेज दिया है। लोक-संस्कृति के आधारभूत सिद्धान्त, अध्यात्मशास्त्र के समान जटिल विषय को उपमा, अलंकार, दृष्टान्त और मनोरंजक आख्यायिकाओं तथा गीतों से ऐसा सजाया है, जिससे एक अत्यन्त मूर्ख, अपढ़, गँवार, जंगली से लेकर महाविद्वान् पण्डित तक एक प्रकार से ही रस ग्रहण करें।[49] लोक-गीतों में रस होता है और रस को खाया या चबाया नहीं जाता बल्कि पान किया जाता है, जिसका आबाल वृद्ध, स्त्री-पुरुष, मूर्ख और पण्डित सब समान रूप से आनन्द ले सकते हैं।

शम्भूप्रसाद बहुगुणा के अनुसार साहित्य की दुनिया में लोक-जीवन छन-छनकर आता है। इसीलिए साहित्यिक गीत मँजे-सुधरे होते हैं। इस माँजने-छानने में जीवन की बहुत-सी हरियाली भी कट-छँटकर बाहर ही छूट जाती है, जिससे साहित्य के गीतों में उबले-छने पानी का-सा स्वाद होता है जबकि लोक-गीतों में ताजे पानी का आनन्द आता है। लोक-गीत, लोक-जीवन की जीती-जागती सम्पत्ति हैं।[50] लोक-गीतों में भावना अकेले ही नहीं आती, उसमें प्रकृति के उपकरणों के बीच हृदय की अनुभूतियाँ तरंगित होकर बहती हैं। आदमी के चारों ओर की दुनिया की सच्ची धड़कन लोक-गीतों में रहती है। गीतों के जन्मस्थान की विशेषताएँ लोक-गीतों में उजली धूप और मनोहर चाँदनी की तरह छिटकी रहती हैं। इसमें मनुष्य की अपनी पूरी दुनिया रहती है। मानव के सुख-दुःख, उसके हँसने-रोने की कथाएँ, उसके प्यार-मोहब्बत की रंगीन बातें और उसकी मस्ती, संक्षेप में उसके जीवन का सब-कुछ इन गीतों में तैरता रहता है।[51]

लोक-साहित्य में कथा-कहानी, इतिहास-पुराण, राग-द्वेष, ईर्ष्या-क्रोध, प्रेम-घृणा, नीति-धर्म, रीति-रिवाज आदि सभी चीजों के लिए पूरी-पूरी जगह रहती है। कभी-कभी तो लोकसाहित्य के एक ही अंश में काव्य, इतिहास, पुराण, नाटक आदि सभी एक जगह मिल जाते हैं। इनमें लोक-गीत सर्वाधिक महत्त्वपूर्ण और मनोरंजक हैं। काव्य, इतिहास, विश्वास, समाज विज्ञान, धर्म--नीति आदि ज्ञान की विविध धाराओं के अध्ययन में इनसे बहुत अधिक सहायता मिल सकती है। समाज के रूप को जितनी अकृत्रिमता

के साथ लोक-गीत सामने लाते हैं, उतना सम्भवत; कोई दूसरी प्रणाली नहीं ला पाती।

उदाहरण के तौर पर गहनों की चाह स्त्रियों में बहुत अधिक होती है। गरीब किसान, जिस बेचारे को बैल, बच्चे और घर की छोटी-मोटी जरूरतों की पूर्ति के लिए ही अनेक कठिनाइयाँ झेलनी पड़ती हैं अपने पत्नी के गहनों की माँग की पूर्ति कैसे करे, पर स्त्री की लालसावृत्ति लटकन के लिए इतनी अधिक बढ़ जाती है कि वह कोई भी हित-अहित न सोचकर लटकन लाने की जिद करती है। यह लोक-गीत इस प्रकार है—

करब बिकी जाय मोहे लटकन लैइ द्यौ।
मोहे लटकन लैइ द्यौ! मोहे लटकन लेइ द्यौ!!
करब बिकी जइहैं तो बैल कहा खइहैं?
कि बैल बिकी जायँ, मोहे लटकन लेइ द्यौ!
बैल बिकी जइहैं तो खेती कहा व्हइहैं?
कि खेत जलि जायँ, मोहे लटकन लेइ द्यौ!
रे खेत जलि जइहैं तो लरिका कहाँ खइहैं?
कि लरिका मरि जायँ, मोहे लटकन लेइ द्यौ!
रे लरिका मरि जइहैं तो घर को कहाँ व्हइहैं?
कि घर भी बिकी जाय, मोहे लटकन लेइ द्यौ।
रे घर जौ बिकी जइहैं तो हमहूँ कहाँ रहिहैं;
कि तुम भी भगि जाव, मोहे लटकन लेइ द्यौ।

उपर्युक्त अवधी लोक-गीत में मानव-जीवन के एक रूप को सहज, अकृत्रिम अभिव्यक्ति मिली है; जिसमें समाज का चित्र है, गरीबी है, हठ है, अज्ञान है, मोह है, अविवेक है, अतृप्ति है, करुणा है, कथोपकथन है, चरित्र-चित्रण है, परिस्थिति है, पात्र है, घटना है, इतिहास है, काव्य है, एक पूरी कहानी है और सबसे बढ़कर मानव-जीवन की सजीवता है।[52]

लोक, लोक-गीत और इतिहास

इतिहास हर समय स्वयं में गतिशील रहता है। इतिहास लिखे जानेवाला समय और इतिहास लिखनेवाला इतिहासकार इस गतिशीलता को प्रभावित करता

है। एक समय की स्थापनाएँ आगे चलकर खारिज हो जाती हैं या हास्यास्पद लगने लगती हैं। कहा जा सकता है कि यही इतिहास की कमजोरी और ताकत भी है। परिवर्तन की यह लोच ही इतिहास की सातत्यता और जरूरत को हमेशा बरकरार रखती है।

तथ्यों के बुनियाद पर इतिहास की निर्मिति होती है शर्त यही कि तथ्यों में सच्चाई हो। कसौटी पर जब भी इन तथ्यों को कसा जाय वे खरे उतरें। ये तथ्य अनेक तरह के हो सकते हैं। ये तथ्य अपनी आँखों देखे हो सकते हैं। हम इन तथ्यों के बारे में किसी से सुन चुके होते हैं। हम इस तथ्य को किसी दस्तावेज के मार्फत जान-समझ सकते हैं। लेकिन समाज जिसका अध्ययन इतिहास करता है, के साथ हमेशा एक दिक्कत रही है। समाज के प्रभावशाली लोग प्रारम्भ से ही उसकी दशा एवं दिशा को निर्धारित करते आये हैं। प्रभावशाली लोगों का यह जो आलोक होता है उसके पीछे अनेक ऐसे लोग और तत्त्व होते हैं, जो प्राय: उपेक्षित रह जाते हैं, या जान-बूझकर उपेक्षित कर दिये जाते हैं। इस तरह के लोग प्राय: आर्थिक रूप से कमजोर होते हैं। ये प्राय: अशिक्षित या अल्पशिक्षित होते हैं। खाने-पीने और अपने घर-परिवार में परेशान रहते हैं। समाज की निर्मिति में इनका भी अपना महत्त्वपूर्ण योगदान होता है, जिसे अब तक मानने से परहेज किया जाता रहा है। इतिहास इन्हें जगह देने से अब तक प्राय: कतराता रहा है। साहित्यकारों ने ऐसे वर्गों, उपेक्षित जनों का दु:ख-दर्द अपनी रचनाओं में बेबाकी से उकेरने का यत्न किया। यह अलग बात है कि साहित्य की यह सोच एवं धारा भी स्वयं को पहले की पारम्परिकता से अलग दिखने-दिखाने और समाज के दर्पण होने की अवधारणा के तहत आती है। अब तक लिखे गये इतिहासों को पारम्परिक और कुलीनतावादी घोषित करते हुए या तो उपेक्षित जनसमुदाय की स्मृतियों और क्रियाकलापों के आधार पर राष्ट्रवाद का नया साँचा निर्मित करने का प्रयास किया जा रहा है या फिर लोक-संस्कृति के आधार पर। इनमें से पहले को लोक-संस्कृतिवाद और दूसरे को 'सबाल्टर्न' की संज्ञा दी जाती है। कहने को दोनों दृष्टियों ने विशेषकर सबाल्टर्न इतिहासकारों ने अन्तोन ग्राम्शी के वर्चस्व सिद्धान्त को आधार बनाकर अपनी क्रान्तिकारी पद्धति का विकास किया है। पर वास्तव में जर्मन नवमार्क्सवादियों की फ्रैंकफर्ट धारा ने पावर इलीट-सत्ताधारी कुलीन वर्ग के सम्बन्ध में जो विचार किया है, उसका निचोड़ लेकर दोनों दृष्टियाँ राष्ट्र निर्माण की समस्या को

प्रभुत्वशाली कुलीन समुदाय की चेतना और उपेक्षित जनसमुदाय की चेतना या लोकचेतना के बीच के द्वन्द्ध के रूप में चित्रित करती हैं। चूँकि लोकसंस्कृतिवाद के अलावा सबाल्टर्न इतिहासकार भी सभी प्रकार की कुलीनतावादी पद्धतियों को ठुकराकर लोक को सम्पूर्ण एवं स्वायत्त इकाई का रूप दे देते हैं[53]—डी. एन. धनागरे के शब्दों में यह लोक न भद्रजन से उत्पन्न होता है न उस पर निर्भर है।[54] इसीलिए उनकी दृष्टि को 'उपाश्रयी' दृष्टि कहा गया है।[55] ये सभी इतिहासकार मानते हैं कि गैर-परम्परागत, वास्तविक इतिहास तभी रचा जा सकता है जब उपेक्षित लोक-मानस की स्मृतियों, किंवदन्तियों, गीतों, कथाओं, मिथकों और आख्यानों के रूप में मौजूद लोक-संस्कृति के विभिन्न रूपों को, विशेषकर मौखिक स्त्रोतों को नयी सामग्री का भण्डार माना जाय। एक लम्बे अरसे तक उपेक्षित किये जाने के बाद अब इन मौखिक स्त्रोतों का संज्ञान इतिहासकार गम्भीरता से लेने लगे हैं। लोक की स्मृतियों में रमी हुई इन गाथाओं से, गीतों से इतिहास के नये-नये दरवाजे खुलने लगे हैं। घटनाक्रम पर नये परिप्रेक्ष्य में रोशनी पड़ने लगी है।

मानव सभी प्राणियों में इसीलिए विशिष्ट है कि वह सदैव जिज्ञासु रहता है। उसके अन्दर संवेदनाएँ होती हैं और वह अर्जित ज्ञान को एक पीढ़ी से दूसरी पीढ़ी तक हस्तान्तरित करता रहता है। यह इतिहास उसी मानव का, उसी मानव-जीवन का और उसमें लगातार हुए परिवर्तनों का अध्ययन करता आया है। प्रो. लालबहादुर वर्मा इसे स्पष्ट करते हुए कहते हैं कि इतिहास की अवधारणा जीवन-जगत् की अवधारणा का अभिन्न अंग है और एक में परिवर्तन दूसरे में परिवर्तन को अनिवार्य बना देता है। इस प्रकार नये तथ्यों की खोज इतिहास के पुनर्लेखन को आवश्यक बना देती है।[56] यह पुनर्लेखन इसलिए भी आवश्यक होता है कि समय के साथ अवधारणाएँ बदलती हैं, परिभाषाएँ बदलती हैं। अब इतिहास विगत और वर्तमान राजनीति का 'हिज मास्टर वायस' ही नहीं रहा। न ही वह अतीत के तथ्यों का संग्रह मात्र। बल्कि उसका अस्तित्व और आचरण समष्टि पर आधारित है और इस क्रम में अतीत के समस्त अवशेष मूर्त-अमूर्त, लिखित-अलिखित, विराट्-सूक्ष्म, सामान्य-विशिष्ट सभी इतिहास की रचना के लिए आवश्यक ही नहीं अनिवार्य भी हैं।[57] एक लम्बे समय तक उपेक्षित किये जाने के बाद आज इतिहासकारों में मौखिक स्त्रोतों को ऐतिहासिक स्त्रोत के रूप में स्वीकार किये जाने की सहमति बनी है। ध्यातव्य

है कि यह सहमति समय के प्रवाह के साथ चलने के क्रम में ही बनी। जब जीवन में आभिजात्यता की जगह जन और लोक की तरजीह दी जाने लगी, जब उपेक्षितों के स्वर को अनसुना कर पाना असम्भव हो गया और जब ये मौखिक स्रोत जोर-शोर से ऐतिहासिक स्रोतों की मुख्यधारा में स्वयं को शामिल किये जाने के आन्दोलन में कूद पड़े तब स्थितियों में, सोच में, इतिहास लेखन की परम्परा में व्यापक परिवर्तन दिखायी पड़े। वस्तुत: मौखिक इतिहास अधिकांश बुद्धिजीवियों की स्थापित पारम्परिक स्वयंसिद्धता और विशिष्टता को चुनौती देता है। भारतीय बौद्धिक जगत् में तरह-तरह के पाखण्ड व्याप्त हैं और उनमें सबसे घातक है मंचों पर प्रगतिशीलता का मुखौटा और व्यक्तिगत जीवन में अत्यन्त पिछड़ा-सामन्ती और जनविरोधी सोच तथा आचरण।[58]

किसी भी सभ्यता, संस्कृति एवं भाषा में मौखिक का हमेशा एक विशिष्ट स्थान रहा है। बच्चा पहले बोलना सीखता है उसके बाद उसके लिपि के पहचानने की शुरुआत होती है। मानवीय विकास के क्रम में भी यही तथ्य दिखायी पड़ता है। मानवीय इतिहास की सर्वाधिक पुरानी लिपि पाँचवीं सहस्राब्दी पूर्व की है जबकि इसके पहले उसका पारिवारिक-सामाजिक जीवन व्यवस्थित रूप से शुरू हो चुका था। इस क्रम में एक ऐसी मौखिक परम्परा निर्मित हुई जो अपनी प्रकृति में समष्टिमूलक थी। समष्टि की आकांक्षाओं-सपनों-वंचनाओं को सँजोकर रखती थी। उसमें साहित्य-इतिहास-धर्म-दर्शन सब-कुछ घुला-मिला होता था। उन्हीं से आख्यायिका, इतिवृत्त, पुराण और इतिहास रचे जाते थे।[59] हेरोडोरस से कल्हण तक के लिए इतिहास का अनिवार्य स्रोत मौखिक था। क्योंकि अतीत और मिलता भी कहाँ? छापेखाने के आविष्कार के साथ लिखित और समर्थ हो गया। उसकी व्याप्ति अनन्त होने लगी। लिखित का मर्म था—'विशिष्टों द्वारा, विशिष्टों के बारे में, विशिष्टों के लिए।' इतिहास शासकों का कारगर उपकरण बनकर रह गया। फ्रांस में लांगलुआ और सैन्योबो ने घोषित किया कि दस्तावेज नहीं तो इतिहास नहीं। एक ओर इतिहास को दस्तावेजों का मुहताज बनाया जा रहा था तो दूसरी ओर मार्क्स और एंगेल्स लोक-गीतों में इतिहास पा रहे थे।[60]

वानर को नर बनाने में जिस प्रकार श्रम की निर्णायक भूमिका थी, उसी प्रकार भाषा ने भी समाज के विकास में गुणात्मक हस्तक्षेप किया है। बोलना नैसर्गिक है जबकि लिखना सीखना पड़ता है। शासकों ने लेखन पर तो प्रतिबन्ध

लगाया अपनी इच्छानुसार लेखन कराया लेकिन वे किसी को बेजुबान नहीं कर पाये। जो व्यक्ति नहीं कर पाता वह लोक कह देता है—प्रत्यक्ष नहीं तो परोक्ष रूप से, अभिधा में नहीं तो लक्षणा-व्यंजना में, सीधे नहीं तो प्रतीकों-मिथकों में। जन-मन, लोक-मन अभिव्यक्ति के खतरे उठाता ही रहा है।[61] यह खतरे उठाना ही उसे औरों से अलग करता है, विशिष्ट बनाता है। पॉल टामसन के अनुसार मौखिक इतिहास ने इतिहास की अन्तर्वस्तु और लक्ष्य दोनों को ही रूपान्तरित कर दिया है।[62] मौखिक इतिहास लोक को उसका अतीत उसी के शब्दों में लौटा देता है, भविष्य को गढ़ने की नयी प्रेरणा के साथ। मौखिक इतिहास में अतीत और वर्तमान के सम्बन्ध जीवन्त हो उठते हैं। लोक की गेयता उसे सर्वस्वीकार्य बनाती है। इसमें वर्णित जीवन को लोक अपने बेहद करीब महसूस करता है। उस जीवन को अपने से जोड़कर देखने की कोशिश करता है। इस प्रकार अतीत में रचे जाने के बावजूद वर्तमान से उसका जुड़ाव, वर्तमान में उसकी प्रासंगिकता स्वत: जुड़ जाती है।

लोक-संस्कृति की बुनियाद पर इतिहास के रचे जाने की शुरुआत यूरोप से ही दिखायी पड़ती है। इतिहासकारों ने लोक से जुड़ी गाथाओं और गीतों का गहनता से विश्लेषण किया और यह पाया कि इनमें कुछ ऐसी बातें हैं जिसे इतिहास लेखन में बेहिचक इस्तेमाल किया जा सकता है। कुछ ऐसे भी तथ्य दिखायी पड़े जिनसे इतिहास अनजान था। परिस्थितियोंवश उस घटना से जुड़े लिखित तथ्य सँजोकर नहीं रखे जा सके। तत्कालीन सत्ता की निरंकुशता के चलते लिखित साक्ष्य को लगभग मिटा दिया गया। लेकिन वह घटना लोक के मानस में गाथाओं-गीतों के जरिये बनी रही। अपने पूर्वजों के कारनामों को सहेजनेवाली इन गाथाओं-गीतों को लोक ने एकपीढ़ी से दूसरी पीढ़ी तक सुरक्षित रखने का महत्त्वपूर्ण कार्य किया। ऐसे में जब मौखिक इतिहास की स्वीकार्यता इतिहासकारों के बीच बढ़ी, जब लोक सशक्त तरीके से इन गीतों, गाथाओं को प्रस्तुत करने लगा, तब इन्हें इतिहास लेखन के एक स्रोत के रूप में इतिहासकारों द्वारा बेहिचक अपनाया जाने लगा। इसी क्रम में स्वीडन के इतिहासकार एरिक गुस्ताव गीजर ने लोक-गीतों का इस्तेमाल इतिहास लेखन के लिए किया।[63] अपनी पुस्तक The History of Sweedesh people के रचनाक्रम में एरिक ने इस प्रविधि का प्रयोग शुरू किया। परम्परा से हटकर प्रथम प्रयास इस पुस्तक में स्पष्ट तौर पर देखा जा सकता है। क्योंकि इस

पुस्तक में शासक और उसकी नीतियाँ ज्यादा जगह घेरती हैं जबकि एक अध्याय 'भूमि और लोग' लोक इतिहास से सम्बन्धित है। इसके बावजूद इतिहास लेखन के क्रम में यह एक महत्त्वपूर्ण मोड़ था। चेक इतिहासकार फ्रैण्टिस्क पालाकी ने History of the cheap people के लेखन में लोक-गीतों एवं लोक-संस्कृति का खुलकर प्रयोग किया। लोक-संस्कृति के संकलन का काम करनेवाले जूलियस मिकलेट[64] ने 1848 में History of the England लिखा जिसका एक अध्याय वहाँ के लोकप्रिय बैलेडों पर केन्द्रित कर लिखा गया था।[65]

भारत में लोक-संस्कृति के अध्ययन का क्रम बहुत बाद में आरम्भ हुआ और यह लम्बे समय तक अवहेलना का विषय बना रहा। देसी भाषाओं के साहित्य का विकास स्पष्टत: आधुनिक भारतीय इतिहास का एक अत्यन्त महत्त्वपूर्ण तत्त्व है। प्रसिद्ध इतिहासकार सुमित सरकार के अनुसार अधिकांशत: निरक्षर लोगों के देश में लिखित साहित्य देश के केवल एक अल्पसंख्यक भाग के विचारों एवं मूल्यों का ही सूचक हो सकता है। फ्रांसीसी इतिहासकार यूजीन वेनर ने 'पीजेण्ट्स इन टू फ्रेंचमेन' पुस्तक में इस बात की आवश्यकता पर बल दिया है कि 'ग्रामीण लोगों के गीतों, नृत्यों, कहावतों, कथाओं एवं चित्रों का भी अध्ययन किया जाय ताकि कृषकों के मन को अच्छी तरह से समझा जा सके।[66] और वास्तविक तौर पर इतिहास का लेखन किया जा सके।

अंग्रेजों ने भारत पर जब पूरी तरह अपना अधिकार जमा लिया तो उसे पुख्ता करने के क्रम में शासकों ने भारतीय जन के मन को जानने का प्रयास शुरू किया। यह ब्रिटेन का सौभाग्य था कि इन दिनों में भारत आनेवाले अधिकांश ब्रिटिश अधिकारी योग्य, विद्वान् एवं जिज्ञासु भी हुआ करते थे। इसी क्रम में इन ब्रिटिश अधिकारियों ने भारतीय ज्ञान-विज्ञान पर जमी हुई धूल की गहरी परत को हटाने का महत्त्वपूर्ण कार्य किया जिससे भारतीयों को अपने गौरवशाली अतीत की जानकारी मिल सकी। प्रकारान्तर से इसी जानकारी ने भारतीयों के अन्दर उत्साह का संचार किया जो भारतीय पुनर्जागरण के रूप में हमें दिखायी पड़ता है। इन समाज-सुधारकों ने जनता के बीच फैले अन्धविश्वास एवं दकियानूसी धारणाओं को दूर करने के लिए महत्त्वपूर्ण प्रयास किये। जनता से उनका जुड़ाव हुआ और एक नये अध्याय की शुरुआत हुई।

कृष्णदेव उपाध्याय के अनुसार भारत में लोक साहित्य का अध्ययन करने का श्रेय जेम्स टॉड को जाता है जिन्होंने 1829 में अपना प्रख्यात ग्रन्थ 'एनल्स ऐण्ड एण्टीक्वीटीज ऑफ राजस्थान' प्रकाशित कराया।[67] इस ग्रन्थ में टॉड ने राजस्थान की प्रचलित लोकगाथाओं तथा चारणों द्वारा गाये जानेवाले गीतों का उपयोग किया। सर जार्ज ग्रियर्सन ने भाषा-साहित्य के अतिरिक्त लोक साहित्य के संग्रह एवं संरक्षण के लिए महत्त्वपूर्ण कार्य किया। 1884 में 'Some Bihari Folk Songs' में बिहारी भाषा के विभिन्न लोक-गीतों का संग्रह प्रकाशित किया। 1886 ई. में 'Some Bhojpuri Folk Songs' नामक ग्रन्थ में ग्रियर्सन ने भोजपुरी के बिरहा, जँतसार, सोहर आदि गीतों का संकलन प्रस्तुत किया। ग्रियर्सन ने 1884 ई. में विजयमल की लोकगाथा, 1885 ई. में 'दि सांग्स ऑफ आल्हाज मैरेज' तथा 1839 ई. में 'नयका बनजरवा' को प्रकाशित कराया। इन सबमें ग्रियर्सन ने लोक-गीतों का मूल पाठ उनका अंग्रेजी अनुवाद तथा उन पर ऐतिहासिक एवं भाषाशास्त्र सम्बन्धी टिप्पणियाँ भी दी हैं।

1920 ई. के पश्चात् लोक-साहित्य के संकलन की तरफ कुछ भारतीय विद्वान् भी आकर्षित हुए। बंगाल में डॉ. दिनेश चन्द्र सेन, बिहार में शरच्चन्द्र राय, उत्तर प्रदेश में रामनरेश त्रिपाठी तथा गुजरात में झवेरचन्द्र मेधाणी आदि विद्वानों ने इस कार्य को अपने हाथों में लिया और अपना पूरा जीवन इसके लिए समर्पित कर दिया।[68] लोक साहित्य को ऐतिहासिक दृष्टि से प्रयुक्त करने का महत्त्वपूर्ण कार्य आरम्भ किया मानवशास्त्री श्री शरच्चन्द्र राय ने। इन्होंने झारखण्ड की मुण्डा, उराँव, सन्थाल, बिरहोर आदि आदिम जातियों का विद्वत्तापूर्ण तथा गम्भीर अध्ययन प्रस्तुत किया। शरच्चन्द्र राय राँची से त्रैमासिक पत्रिका Man in India प्रकाशित करते थे जिसमें इन जनजातियों से सम्बन्धित महत्त्वपूर्ण लेख छपा करते थे। इन्होंने 'दि मुण्डाज एण्ड देयर कण्ट्री' (1912 ई.), 'दि बिरहोर्स' (1925 ई.), 'ओराँव रीजनल एण्ड कस्टम्स' (1928 ई.), 'दि ओराव्स आफ छोटा नागपुर' (1915 ई.), 'दि हिल्स भुइयाज आव ओरिसा' (1936 ई.), 'खारीज' (1937 ई.) नामक महत्त्वपूर्ण ग्रन्थों की रचना की। इन सभी ग्रन्थों में राय ने इस क्षेत्र की प्रमुख जनजातियों के लोक-गीतों, पहेलियों, धर्म, प्रथाओं तथा इनकी सामाजिक व्यवस्था का अत्यन्त सुन्दर वर्णन किया है।

पं. रामनरेश त्रिपाठी एवं देवेन्द्र सत्यार्थी ये दो ऐसे महत्त्वपूर्ण नाम हैं जिन्होंने लोक-गीतों के संकलन का अत्यन्त महत्त्वपूर्ण कार्य किया। रामनरेश जी ने भारत के विभिन्न भागों के दूरदराज क्षेत्रों की यात्रा करके कई हजार लोक-गीतों का संग्रह किया। 1929 ई. में इनके ग्रन्थ 'कविता कौमुदी' का प्रकाशन पाँच भागों में हुआ। इस ग्रन्थ में उत्तर प्रदेश तथा पश्चिमी बिहार के लोक-गीतों का संग्रह किया गया है। इनकी एक अन्य पुस्तक 'हमारा ग्राम साहित्य' है जिसमें लोक-गीतों, कहावतों और मुहावरों का संकलन किया गया है।

देवेन्द्र सत्यार्थी का काम लोक-गीतों के संकलनकर्त्ताओं में उल्लेखनीय है। इन्होंने लगभग पूरे भारत, श्रीलंका, म्याँमार आदि देशों में पैदल घूम-घूमकर लगभग तीन लाख लोक-गीतों का संग्रह किया। 'बेला फूले आधी रात', 'धरती गाती है', 'बाजत आवे ढोल' और 'धीरे बहो गंगा' इनकी प्रमुख कृतियाँ हैं। सत्यार्थी जी ने लोक-गीतों का वैज्ञानिक संग्रह प्रस्तुत न कर इस सम्बन्ध में भावात्मक लेख लिखे हैं जिसमें कुछ लोक-गीतों का उदाहरण दे दिया गया है। इसी कारण से इनकी रचनाओं में गम्भीरता का अभाव है।

भोजपुरी, जो कि इस पुस्तक की मुख्य बोली एवं भाषा है, में भी लोक-गीतों के संकलन में कई महत्त्वपूर्ण कार्य हुए हैं। भोजपुरी के विद्वानों ने भोजपुरी के लोक साहित्य का केवल संकलन ही नहीं किया बल्कि भोजपुरी भाषा और इसके लोक साहित्य का वैज्ञानिक एवं प्रामाणिक विवेचन भी प्रस्तुत किया है। इसमें सबसे महत्त्वपूर्ण नाम कृष्णदेव उपाध्याय का है। भोजपुरी लोक-गीत (दो भाग में), भोजपुरी लोक साहित्य का अध्ययन, भोजपुरी और उसका साहित्य, भोजपुरी लोक-संस्कृति का अध्ययन, भोजपुरी लोक संगीत इनकी प्रमुख कृतियाँ हैं।

इन लोक-गीतों, लोक गाथाओं, लोक कहावतों और मुहावरों में घटना, घटित होने का स्थान, उसमें भाग लेनेवाले लोगों का उत्साह, उस घटना की तीव्रता एवं उसके प्रभाव का स्थायित्व इत्यादि प्रश्नों के उत्तर प्रचुर रूप से विद्यमान हैं, शर्त यह है कि कोई इन बिखरे चित्रों को जोड़ दे। समय की सूक्ष्म-से-सूक्ष्मतर परिवर्तनशीलता की गूँज लोक-संस्कृति में होती है। वर्तमान में इतिहास लेखन के पास घटना जानने के लिए तो अनेक स्रोत हैं लेकिन

निम्नवर्गीय जनता की प्रतिक्रिया लोक-संस्कृति को छोड़कर और कहाँ मिल सकती है।[69] इतिहासकार लोकायनों का उपयोग इतिहास के खोये ध्रुवों को जोड़ने के लिए करता है। यह इतिहास के रिक्त स्थानों की पूर्ति करता है।[70] यह लोकायन लेख के पास ही सुरक्षित-संरक्षित है। लोक ने इसमें अपने तरीके से तथ्यों एवं घटनाक्रमों को सहने का यत्न किया है। घटनाओं के प्रस्तुतीकरण का लोक का अन्दाज अनूठा है। चूँकि उस पर किसी सत्ता केन्द्र से घटनाक्रमों को दर्ज करने का आदेश-निर्देश नहीं है, न ही वह व्याकरणिक हिसाब-किताब बिठाने के चक्कर में उलझा हुआ है बल्कि वह स्वच्छन्द तरीके से अपने अन्दर से निकले प्रवाह को जनता की भाषा में सहज तरीके से लयात्मक रूप में लिखने के लिए स्वतः स्फूर्त ढंग से जुट पड़ा है। इस लोक ने इसे लिखते समय इस बात की परवाह नहीं की कि कभी ये इतिहास- जैसे धीर-गम्भीर विषय की निर्मिति के लिए बतौर साक्ष्य उपयोग में लाये जा सकते हैं। इसीलिए इसमें वस्तुनिष्ठता खोजना बेमानी होगी। यह इतिहासकार की परेशानी है कि वह इसे किस तरह युक्त-प्रयुक्त करे और किस तरह इसे लोक के इतिहास के रूप में प्रस्तुत करे।

हमारा पूरा लोक साहित्य इतिहास की सामग्री से भरा पड़ा है। जरूरत है इसके सम्यक् अध्ययन तथा अनुसन्धान की, जिससे इतिहास को और समृद्ध किया जा सकता है। इतिहासकारों की दृष्टि प्रायः शासकों, उनके अनुचरों, प्रशासन, अर्थव्यवस्था, राजमहल, राजघराने तक टिकी रहती थी और जिनसे आम जन का जीवन छूट जाता था, उसे इस लोक ने बचाया है। इसके उद्‌घाटन से हमारे विस्मृत इतिहास पर प्रकाश पड़ सकता है। यही नहीं कहीं-कहीं तो इतिहास में दर्ज घटनाओं के ठीक विपरीत तथ्य इन लोक-गीतों में प्राप्त होते हैं। इसकी वजह यह रही है कि आभिजात्य ने घटनाओं को सत्ता की नजरों से देखा जबकि लोक इसे आम आदमी के नजरिये से देखता है। अब इन दोनों तरह के तथ्यों का तुलनात्मक अध्ययन करके ही वास्तविक इतिहास लेखन का कार्य किया जा सकता है और यही इतिहास लेखन का मुख्य प्रेय भी होना चाहिए।

सन्दर्भ

1. सिद्धान्त कौमुदी, पृ. 417, वेंकटेश्वर प्रेस, मुम्बई, 1989
2. जनं विभ्रती बहुधाविवाचसं
3. पृथिवी सूक्त 45/7

4. स इममेवात्मानं द्वैधापातयत्ततः पतिश्च पत्नी चाभवताम्। बृहदारण्यक, 1.4.3
5. लोकवार्त्ता विज्ञान, भाग-1, 246
6. बहु व्याहितो वा अयं बहुशो लोकः। क एतद् अस्य पुनरीहितो अयात।। जै. उ. ब्रा. 3/28
7. लोक सर्वलोकाट्ठञ् 5.1.44, तत्र विदित इत्यर्थे। लौकिकः। अनुशतिकादित्वादुभय पदवृद्धिः। सार्वलौकिकः।
8. अतोऽस्मि लोके वेदे च प्रथितः पुरुषोत्तमः। महाभारत, सभापर्व (द्यूतपर्व), पृ. 845-914
9. आराधनाय लोकस्य मुञ्चतो नास्ति मे व्यथा। —उत्तररामचरित
10. विश्वानि भुवनानि। विश्वानि दुरितानि/विश्वे देवाः।
11. उपाध्याय, कृष्णदेव : लोक साहित्य की भूमिका, पृ. 16
12. पीटर बर्क : पापुलर कल्चर इन अर्ली मेडिवल यूरोप, पृ. 9
13. बद्रीनारायण : लोक-संस्कृति और इतिहास, पृ.9
14. उपर्युक्त, पृ. 9
15. वर्मा, हरद्वारीलाल, लोकवार्त्ता, भाग-1, पृ. 26
16. वही, पृ. 27
17. इनसाइक्लोपीडिया ऑफ सोशल साइन्सेज, जिल्द 5, पृ. 288
18. उपर्युक्त, पृ. 228
19. साइकोलॉजी एण्ड फोकलोर—एस. आर. मरेट, 1920
20. जी. एल. गोमे : फोकलोर इज ए हिस्टारिकल साइन्स
21. हिन्दी साहित्य का वृहद् इतिहास, भाग-16, प्रस्तावना, पृ. 9
22. जनपद त्रैमासिक, अंक-1, पृ. 66 लोक साहित्य का अध्ययन
23. सम्मेलन-पत्रिका, लोक-संस्कृति विशेषांक, पृ. 65
24. उपर्युक्त, भारतीय लोक-संस्कृति का आधार, पृ. 112
25. सत्येन्द्र, ब्रजलोक साहित्य का अध्ययन, पृ. 24
26. श्याम परमार : भारतीय लोक साहित्य, पृ. 14
27. सम्मेलन-पत्रिका, लोक साहित्य विशेषांक, पृ. 436
28. सरोजिनी रोहतगी : अवधी का लोक साहित्य, पृ. 6
29. Botkin. B. A. : Side walks of America, p. VI
30. Bucher महोदय ने गीत एवं काव्य की लय का घनिष्ठ सम्बन्ध काम करने से माना है।
31. लोकवार्त्ता विज्ञान, खण्ड-1, पृ. 120
32. Quoted by the hand of destiny, p. 66
33. Ibid, pp. 65
34. Ibid, pp. 66
35. लोकवार्त्ता विज्ञान, खण्ड-1, पृ. 123
36. B. A. Botkin : A Treasury of American Folklore, p. 819
37. Quoted in the Idiom of the people, pp. 31
38. Caffin & Cohen : Folklore in America
39. लोकवार्त्ता विज्ञान, खण्ड-1, पृ. 132
39. Marks : The Russian Folklore, p. 31-32
40. Lomax, Alan : The folk songs of North America, p. XV
42. शर्मा, कृष्णचन्द्र : लोकजीवन के स्वर, आपोवाच।

43. लोकवार्त्ता विज्ञान, खण्ड-1, पृ. 142
44. Bruce Jackson : The Negro and his folklore, pp. 51-52
45. Ibid, pp. 53
46. Quoted by Charles Hanam : Songs of Civil War, p. 2
47. Alan Lomax : Song as a measure of man. pp. 5
48. लक्ष्मीधर वाजपेयी का लेख : भारतीय लोक-संस्कृति का आधार, पृ. 112
49. वही, पृ. 113
50. शम्भूप्रसाद बहुगुणा का आलेख 'लोक साहित्य में लोक-जीवन की व्यापक अनुभूति' सम्मेलन-पत्रिका, लोक-संस्कृति विशेषांक, पृ. 193
51. उपर्युक्त, पृ. 193
52. उपर्युक्त, पृ. 194
53. हिन्दी कलम-3 में अजय तिवारी का लेख—'लोक-संस्कृति और इतिहास-दृष्टि', पृ. 178
54. Social scientist, 186, part-16, Vol. 11 Nov. 1988, pp. 20
55. कथ्यरूप, इतिहास पुस्तिका-1, में बद्रीनारायण का लेख, लोक-संस्कृति और इतिहास, पृ.11
56. हिन्दी कलम में एच. बी. वर्मा का लेख—'इतिहास में पुनर्लेखन : मौखिक इतिहास का निर्णायक हस्तक्षेप', पृ. 71
57. उपर्युक्त, पृ. 73
58. उपर्युक्त, पृ. 73
59. उपर्युक्त, पृ. 74
60. उपर्युक्त, पृ. 74
61. उपर्युक्त, पृ. 74
62. उद्धृत, उपर्युक्त, पृ. 75
63. पीटर बर्क : पापुलर कल्चर इन अर्ली मेडिवल यूरोप, पृ. 15, 22
64. बद्रीनारायण : लोक-संस्कृति और इतिहास, पृ. 18
65. पीटर बर्क, उपर्युक्त, पृ. 15-22
66. सुमित सरकार, आधुनिक भारत, पृ. 26
67. उपाध्याय, कृष्णदेव, लोक साहित्य की भूमिका, पृ. 28
68. उपर्युक्त पृ. 32
69. बद्रीनारायण, वही, पृ. 25
70. सेन, सौमेन, इण्टरडिसिप्लिनरी एप्रोच टू फोकलोर स्टडीज, जे. हु. जर्नल ऑफ सोशल साइन्सेज एण्ड ह्यूमिनिटीज, जनवरी-मार्च, 1991

2

लोक साहित्य और इतिहास लेखन

(भोजपुरी लोक साहित्य के विशेष सन्दर्भ में)

किसी भी समाज के अध्ययन में उसकी संस्कृति की भूमिका बहुत महत्त्वपूर्ण होती है। किसी भी क्षेत्र का सांस्कृतिक परिवेश उस क्षेत्र या समाज के इतिहास को गहरे तौर पर प्रभावित करता है। अभी तक के प्रचलित इतिहास लेखन से बिलकुल इतर भोजपुरी लोक ने अपने रीति-रिवाजों, विश्वासों, परम्पराओं, कहावतों, लोक-गीतों आदि में अपने अतीत को एक अरसे से सुरक्षित-संरक्षित रखा है। इस लोक ने एक दस्तावेज की तरह अपने में तमाम सामाजिक, आर्थिक, सांस्कृतिक, धार्मिक, राजनीतिक सन्दर्भों को सहेज रखा है। लोक साहित्य ने अपने बिम्बों के माध्यम से, प्रतीकों के माध्यम से, व्यंग्य के माध्यम से अपने समय को सहज ही प्रतिबिम्बित किया है। इस क्षेत्र का इतिहास निर्मित करते समय इस तथ्य को दरकिनार नहीं किया जा सकता। क्योंकि यह क्षेत्र पिछड़ा होने के साथ-साथ हमेशा-हमेशा शासन सत्ता की उपेक्षा का भी शिकार रहा है। और यही वजह रही कि इस क्षेत्र का सुव्यवस्थित इतिहास लेखन आज तक नहीं हो पाया। एक बड़ा भौगोलिक क्षेत्र तथा भाषा-भाषी समूह होने के बावजूद यह क्षेत्र आज भी न केवल केन्द्र अपितु राज्य सरकार द्वारा भी उपेक्षित किया जाता रहा है जबकि इतिहास गवाह रहा है कि इस क्षेत्र के लोगों ने केवल भोजपुरी क्षेत्र को ही नहीं अपितु विश्व के अनेक देशों के इतिहास को अपने दम-खम पर एक नयी दशा और दिशा प्रदान किया है।

किसी भी स्थान का लोक साहित्य वहाँ के जन-जीवन के मनोभावों तथा वहाँ के समग्र संस्कृति की सशक्त अभिव्यक्ति होता है। सांस्कृतिक इतिहास लेखन के लिए लोक साहित्य का महत्त्व वैसा ही है जैसा हमारे शरीर के लिए रीढ़ की हड्डी। कोई भी इतिहासकार जो आज के पूर्वी उत्तर प्रदेश और पश्चिम बिहार क्षेत्र का अध्ययन करना चाहता है उसके लिए यह जरूरी है कि वह इस क्षेत्र की परम्परागत सांस्कृतिक चेतना, जीवन प्रवाह और जातीय विशेषताओं से अवगत हो। यही नहीं उसे स्थानीय बोली-बानी से परिचित होना भी अतीव आवश्यक है जिसमें वहाँ के जन-जीवन का कतरा-कतरा सुरक्षित-संरक्षित रहता है। इस दृष्टि से देखा जाय तो भोजपुरी लोक साहित्य काफी सम्पन्न है।

प्राचीन भारतीय साहित्य में मानव के गर्भस्थ होने से लेकर उसकी मृत्यु के बाद तक के अनेक संस्कारों की परिकल्पना की गयी है।[1] हरेक संस्कार के साथ गीत-संगीत आवश्यक रूप से जुड़ा होता है चाहे वह शिशु के जन्म का अवसर हो अथवा किसी व्यक्ति की मृत्यु का दु:खद प्रसंग। यही नहीं रोज के रहन-सहन का मौका हो, खेती-बारी का प्रसंग हो, कोई पर्व-त्योहार हो अथवा ऋतु परिवर्तन का दौर सबको एक उल्लास के साथ जीना भोजपुरी भाषी लोगों की आदत में जैसे शुमार है। और इस उल्लास में रंग भरते हैं विभिन्न अवसरों से जुड़े विभिन्न राग लयवाले लोक-गीत।

लोक शब्द की व्युत्पत्ति के सन्दर्भ में कोई निश्चित मत प्राप्त नहीं होता। इस सन्दर्भ में विद्वानों की अवधारणाओं में काफी मत विभिन्नता दिखायी पड़ती है। हमारे प्राचीनतम ग्रन्थ ऋग्वेद में 'लोक' का प्रयोग स्थान के सन्दर्भ में किया गया है।[2] ऋग्वेद में लोक की विराट् कल्पना एक सूक्त में दिखायी पड़ती है जिसके अनुसार यह पुरुष रूप ईश्वर है। उसके हजारों मुख, आँख और पैर हैं।

सहस्त्र शीर्षा: पुरुष: सहस्राक्ष: सहस्त्रपाद्।[3]

गीता के 'अतोऽस्मि लोके वेदे च प्रथित: पुरुषोत्तम:' के द्वारा लोकशास्त्र और लौकिक आचारों का महत्त्व स्पष्टत: मान्य है। डॉ. वासुदेव शरण अग्रवाल के अनुसार 'लोक हमारे जीवन का महासमुद्र है। उसमें भूत, भविष्य, वर्तमान सभी-कुछ संचित रहता है। लोक राष्ट्र का अमर स्वरूप है।...अर्वाचीन मानव के लिए लोक सर्वोच्च प्रजापति है।...लोक का व्यक्त रूप मानव—यही हमारे

जीवन का अध्यात्मशास्त्र है। इसका कल्याणं हमारी मुक्ति का द्वार और निर्माण का नवीन रूप है।[4]

हिन्दी का लोक अंग्रेजी शब्द फोक का पर्याय है। इनसाइक्लोपीडिया ब्रिटानिका के अनुसार 'आदिम समाज का प्रत्येक सदस्य लोक कहलाता है।' जबकि लोर 'LORE' शब्द की व्युत्पत्ति लैटिन शब्द 'LAR' से हुई है जिसका अर्थ है—'वह जो सीखा जाय'। इस प्रकार लोक-गीत का अर्थ है वह ज्ञान जो आम लोगों द्वारा सीखा जाय। हजारीप्रसाद द्विवेदी के अनुसार 'यह लोक की परम्परागत विरासत है, अनुभूत अभिव्यक्ति और हृदयोद्‌गार है तथा जीवन का स्वच्छ दर्पण है जिसमें समाज के व्यस्त जीवन का प्रतिबिम्ब दिखायी पड़ता है। रामनरेश त्रिपाठी ने लोक-गीत की विवेचना करते हुए लिखा है 'लोक-गीत में जन-जीवन के हर्ष और विषाद, आशा और निराशा, सुख और दुःख सभी की अभिव्यक्ति होती है। इसमें कल्पना के साथ रस वृत्ति भावना हृदय के खेत में उगते हैं। इसमें हृदय का इतिहास इस प्रकार व्याप्त रहता है जैसे प्रेम में आकर्षण, श्रद्धा में विश्वास, करुणा में कोमलता, प्रकृति के ज्ञान में मनुष्य इस प्रकार प्रतिबिम्बित होता है जैसे कवित्त में कवि, क्षमा में मनोबल और तपस्या में त्याग। प्रकृति संगीतमय है। लोक-गीत प्रकृति के उसी महासंगीत के अंश हैं।[5]

लोक-संस्कृति के प्रति हमारा आभिजात्य हमेशा से एक भेदभावकारी सोच रखता आया है। अमरकोश में अमर सिंह ने इस प्रवृत्ति का परिचय देते हुए लिखा है कि लोक-संस्कृति अनपढ़, निरक्षर, गँवार और जनपदीय लोक से सम्बन्धित है। हालाँकि इस आभिजात्यवादी सोच का नुकसान उस समाज, उस भाषा तथा उस देश को हमेशा उठाना पड़ा है। जो लोक से जुड़ा उसे लोक ने भी सिर माथे लिया। युग प्रवर्तक गौतम बुद्ध और महावीर स्वामी ने अपने बातों विचारों के प्रचार-प्रसार के लिए लोक से जुड़ी भाषा पालि और प्राकृत का सहारा लिया। इसका असर यह हुआ कि वेदों पर आस्था रखनेवाला लोक जो इस समय तक उसकी जटिलता एवं क्लिष्टता से परेशान था अब स्वाभाविक रूप से बुद्ध और महावीर के बातों-विचारों की ओर बढ़ा। उधर दूसरी ओर लोक से कटकर संस्कृत लोकभाषा की जगह अब देवभाषा रह गयी और दिन-प्रति-दिन सिकुड़ती-सहमती चली गयी।

ध्यातव्य है कि बुद्ध और महावीर की शिक्षाओं का प्रमुख केन्द्र यही क्षेत्र था जो आज भोजपुरी भाषी क्षेत्र के रूप में जाना-पहचाना जाता है।

भोजपुरी भाषी क्षेत्र का विस्तार हिमालय की तराई से लेकर दक्षिण में मध्य प्रान्त की सरगुजा रियासत तक है। बिहार प्रान्त के शाहाबाद, सारन, चम्पारन, राँची, पालामऊ का कुछ भाग तथा मुजफ्फरनगर के उत्तरी-पश्चिमी कोने में इस बोली के बोलनेवाले निवास करते हैं। इसी तरह उत्तर प्रदेश के बलिया, मऊनाथ भंजन, आजमगढ़, गाजीपुर, देवरिया, गोरखपुर, सन्त कबीरनगर, बस्ती, गोंडा, बनारस, सन्त रविदासनगर, मिर्जापुर, जौनपुर आदि जिलों में भोजपुरी बोलनेवाले लोगों का आधिपत्य है। इस प्रकार भोजपुरी क्षेत्रफल की दृष्टि से 50,000 वर्ग मील में व्याप्त है।[6]

लोक ने हमेशा अपने को गढ़ा है बिलकुल अपने तरीके से। इसमें आभिजात्यवादी सोच से इतर हमेशा अपनी सोच दिखायी पड़ेगी। मसलन इसमें देश की अवधारणा वह नहीं है जो आभिजात्यवादी सोच में है। लोक में देश शब्द के अनेक अर्थ, अनेक सन्दर्भ तथा अनेक रूप हैं। शास्त्रीय परम्परा में देश जहाँ मात्र भौगोलिक एवं राजनीतिक अर्थ को ध्वनित करता है वहीं लोक-संस्कृति में देश, उसके गाँव, जवार, जर, जमीन, जनपद अपने तथा अपने तरह के लोगों के समुदायों को रूपायित करता है। लोक-संस्कृति में यह देश अत्यन्त छोटी इकाई से शुरू होता है। कई बार तो गाँव से बाहर ही परदेश की परिकल्पना की गयी है।

औपनिवेशिक काल में भोजपुरी लोक-संस्कृति में कलकत्ता और असम को परदेश कहा जाने लगा।[7] क्योंकि रोजी-रोजगार के चक्कर में लोगों को अपना घर-बार छोड़कर कलकत्ता या असम जाना पड़ता था, जो घर से दूर उनके लिए एक परदेश के समान ही था। वस्तुतः देश की इस अवधारणा के पीछे भोजपुरी क्षेत्र के लोगों का कहीं-न-कहीं अपना वह जमीनी जुड़ाव है जिसे वह सबसे महत्त्वपूर्ण मानते हैं। काफी अरसे तक परदेश में रहते-रहते वह जब वहाँ रच-बस जाता है तो फिर वही परदेश उसका अपना देश बन जाता है। यही कारण है कि श्रमिक के रूप में इस क्षेत्र के लोगों को अंग्रेज जब अपने उपनिवेश मॉरीशस, फिजी, सूरीनाम आदि देशों में ले गये तो विस्थापन की पीड़ाओं के बावजूद इन लोगों ने इन उपनिवेशों को सजाने-सँवारने में अपना जी-जान लगा दिया। इसी का परिणाम है कि कई देशों में अब इन लोगों ने

नेतृत्व की कमान अपने हाथों में ले ली है। और अब उस देश को ही अपना देश मानकर उसे आगे बढ़ाने का कार्य ये लोग कर रहे हैं। इस प्रकार लोक का देश संकीर्ण आयामोंवाला न होकर विस्तृत आयामोंवाला है। चूँकि जीवन के क्रम में लोक को कई बार उजड़ना-बसना पड़ता है अत: इनमें 'सबै भूमि गोपाल की' वाला भाव दिखायी पड़ता है। यह अनायास नहीं है कि इसी लोक को परिलक्षित करते हुए तुलसीदास कहते हैं—'जोइ प्रतिपालै, सोई नरेसू। जहाँ बसै सोई, सुन्दर देसू।' किसी शायर ने भी कहा है—'जहाँ भी जायेगा रोशनी लुटायेगा। किसी चिराग का अपना मकाँ नहीं होता।'

भारतीय इतिहास की बड़ी समस्या है कालक्रम की समस्या। वास्तव में भारतीय लोगों ने काल की गणना बिलकुल अपने तरीके से की है जिसे विदेशी इतिहासकार समझ पाने में नाकामयाब रहे। यहाँ का लोक भी इस अवधारणा से अछूता नहीं है। लोक-संवेदनाओं से जुड़ा हुआ व्यक्ति ही इसे महसूस कर सकता है। गाथा सप्तशती में इसका एक सुन्दर विवरण प्राप्त होता है—परदेश गये पति की प्रतीक्षा करती ग्रामीण महिला के लिए एक-एक पल गुजारना कठिन हो रहा है। काल-गणना का उसे कोई बोध नहीं है। इसलिए एक-एक दिन के लिए वह घर की दीवालों में एक रेखा खींचती चली जाती है जिससे बहुत जल्दी ही सारी दीवाल रेखाओं से भर गयी।

टजंगओति, अज्जंगओति, अज्जंगओति, गरारीये।
पढ्यज्जिअ दिअहछे कुड्ढो रेहाहि चिन्तलिओ।।
अद्यगत, इत्यद्यगत, इत्यद्यगत, इति गणनशीलया।
प्रथम एव दिवसार्धे, कुड्यं रोखाभिश्चित्रितम।।[8]

प्रिय के गये आज का दिन गया, आज का दिन गया, आज का दिन गया, इस प्रकार गिननेवाली नायिका ने पहले दिनार्द्ध में ही भीत को रेखाओं से चित्रित कर डाला। अब इस काल-गणना का कोई पाश्चात्य इतिहासकार क्या अर्थ निकाल सकता है भला।

किसी भी घटना को लोक बिलकुल अपने ढंग से लेता है और फिर उसका विवेचन-विश्लेषण करता है। फिर वह इसे अभिव्यक्त करने के लिए एक सहज माध्यम चुनता है वह है लोक-गीत। 1857 का विद्रोह भारतीय इतिहास की महत्त्वपूर्ण घटनाओं में से एक है। इस घटना ने जन-मानस को

व्यापक तौर पर उद्वेलित किया था। स्वदेशी शासन की कल्पना को मन में सँजोकर किसान, मजदूर तथा निम्न वर्ग ने क्रान्ति में स्वत: स्फूर्त ढंग से बढ़-चढ़कर भाग लिया। अवध क्षेत्र के बेनीमाधव बक्श, बिहार के वीर कुँवर सिंह, गोंडा के रेवती बक्श सिंह आदि वीरों के वर्णन इन लोक-गीतों में सुरक्षित-संरक्षित हैं। कुँवर सिंह के ऊपर निर्मित लोक-गीतों की भरमार है। चैता, बारामासा, फाग, बिरहा तथा देशभक्ति के गीतों में कुँवर सिंह का चरित्र बहुत सुन्दरता से व्यक्त किया गया है। यही नहीं इतिहास के पन्नों से नदारत बसुरिया बाबा जो वीर कुँवर सिंह के गुरु थे भोजपुरी में लोक-गीतों के माध्यम से आज भी जिन्दा हैं।

बहुत घना दावाँ जंगल बा, कई जोजन के ले परमान।
सन्त बसुरियाँ बाबा करे ले, तपल तपावल साध महान।।

स्वतन्त्रता आन्दोलन में जो साधारण आदमी क्रान्ति में लाठी गोली खा रहा था, नमक आन्दोलन कर रहा था, क्रान्तिकारियों को घर में पनाह दे रहा था, उसकी भावनाओं की सुखद अभिव्यक्ति व्यापक रूप से इस लोक साहित्य में हुई है। यही नहीं भारतीय स्वाधीनता आन्दोलन के नायक महात्मा गाँधी की उपस्थिति भी तमाम बोलियों के लोक-गीतों में व्यापक रूप से दिखायी पड़ती है। वस्तुत: गाँधी यहाँ व्यक्ति मात्र न रहकर आम जनता के दिलों की अभिव्यक्ति बन जाते हैं। निमाड़ी लोक-गीत में कहा गया है—'ई खोटो पैसो नी, खरी चाँदी आय/ ई हवा अघौलनी, गाँधी आय/ ई आसमानी बादलों नी, सत्याग्रहीन की टोलई आय।' भोजपुरी मानस इसे इस रूप में अभिव्यक्त करता है—

'गाँधी के आइल जमाना हो, देवर जेलखाना अब गइले।
जब से तपे सरकार बहादुर, भारत मरे बिनु दाना।
हाथ हथकड़िया, गोड़वा में बेंड़िया, देसवा बनि हो गइल दिवाना।
धरम राखि लेहु भारत भइया, चरखा चलावहु मस्ताना।
गाँधी, जवाहर काम कइले मरदाना, देवर अब जेलखाना हो गइले।[9]

1920-21 ई. में महात्मा गाँधी के नेतृत्व में चले असहयोग आन्दोलन का व्यापक क्षेत्र पर असर पड़ा। भोजपुरी लोक ने इसे कुछ इस तरह रेखांकित किया कि यह हमारे समूचे स्वाधीनता संघर्ष के सन्दर्भ को रेखांकित करता हुआ दिखायी पड़ता है।

स्वाधीनता हमनी के, नामो के रहल नाहीं।
अइसन कानून के बा जाल रे फिरंगिया।।
जुलुमी टिकस अउर कानूनवा के रद कइ दे।
भारत का दइ दे, सुराज रे फिरंगिया।।
नाहीं त इ साँचे-साँचे तोरा से कहत बानी।
चौपट होई जाइ तोर राज रे फिरंगिया।।

यह लोक-गीत इस मायने में भी महत्त्वपूर्ण है कि यह अंग्रेजों के उस खोखले दावे की स्पष्ट रूप से पोल खोलता है जो भारत को एक सभ्य देश बनाने का दावा करते थकता नहीं था। साथ ही यह लोक सीमित न होकर बहुत विस्तार लिये हुए था। इसमें एक क्षेत्र-विशेष ही नहीं अपितु पूरा देश दिखायी पड़ता है। यह लोक की वह विस्तीर्ण वैचारिक पृष्ठभूमि थी जो उसे वह धरातल प्रदान करता है जो हमें अन्यत्र नहीं दिखायी पड़ती।

हमका लहरेदार चुनरिया पिया रँगाई देतऽऽ ना/
शुद्ध स्वदेशी खद्दर लइ देताऽ ना/
हरी रंग केसरिया/ आँचल में गाँधी छपवाई द्या लिहे हाथ तरवरिया/
अउर छपाई द्या वीर भगत सिंह गर में लगी फँसरिया/
हमका लहरेदार चुनरिया पियाँ रगाई देत्या ना।

1942 ई. के आन्दोलन ने तो भोजपुरी जन-मानस को गहरे तौर पर उद्वेलित कर दिया। इसी क्षेत्र का बलिया जनपद 13 दिनों तक के लिए स्वतन्त्र हो गया। इस अवसर पर जनता ने अंग्रेजों को चेतावनी दी।

गाँधी के लड़इया नाहीं, जितबे फिरंगिया, चाहे करु केतनो उपाइ।
भल भल मजवा उड़वले एही देसवा में, अब जइहैं कोठिया बिकाइ।।[10]

1947 ई. में हमें आजादी मिल गयी लेकिन हमें ही टुकड़े-टुकड़े करके। लोक ने इस घटना को भी अपने में रेखांकित किया।

कटि गै पेड़ की दूनव डारी, रहि गये खाली ठूँठ रे संजनवा।
भाईचारा का इ नारा, होइगै जल्दिये झूठ रे सजनवा।।

अगस्त, 1947 ई. में अपनी एक मशहूर नज्म 'सुब्हे-आजादी' में फैज अहमद फैज अपनी ये पंक्तियाँ लिखते हैं—

ये दाग-दाग उजाला, ये शबगजीदा सहर।
वो इन्तिजार था जिसका, ये वो सहर तो नहीं।।

इतनी समृद्ध लोकपरम्परा-वाले इस क्षेत्र के इतिहास लेखन की बात जब आती है तो तमाम समस्याएँ उठ खड़ी होती हैं। इतनी सजीव एवं व्यापक भाषा होते हुए भी भोजपुरी में साहित्य-सृजन प्रायः शून्य ही है। जबकि इसकी सगी बहन मिथिला में साहित्य सृजन की समृद्ध परम्परा दिखायी पड़ती है। मूल रूप से इसके दो कारण बताये जाते हैं। प्रथम प्राचीन काल में जहाँ बंगाल और मिथिला के ब्राह्मणों ने संस्कृत के साथ-साथ अपनी मातृभाषा को भी साहित्यिक रचना के लिए अपनाया वहीं भोजपुरी पण्डितों ने केवल संस्कृत के अध्ययन-अध्यापन पर बल दिया। संस्कृत के अध्ययन का प्रमुख केन्द्र काशी इसी क्षेत्र में स्थित है।[11] इसी का प्रभाव है कि भोजपुरी क्षेत्र के कई गाँव और बस्तियाँ अपने को लहुरी काशी यानी छोटी काशी कहलाना ज्यादा पसन्द करती हैं।

भोजपुरी में साहित्य के अभाव का दूसरा प्रमुख कारण है राज्याश्रय का अभाव। आचार्य बलदेव उपाध्याय का मत है कि 'भोजपुरी साहित्य की अभिवृद्धि न होने का प्रधान कारण है राज्याश्रय का अभाव। भोजपुरी क्षेत्र में किसी प्रभावशाली एवं प्रतापी नरेश का पता नहीं चलता। अधिकतर इसमें किसानों की बस्तियाँ हैं। किसी गुणग्राही नरेश का आश्रय न मिलने से इस भाषा का साहित्य समृद्ध न हो सका।'[12]

भोजपुरी क्षेत्र मुख्य रूप से नदियों के बीच का क्षेत्र है। गंगा, सरयू, टोंस, गोमती, वरुणा, सोन, रामगंगा, गण्डक आदि नदियाँ इसी क्षेत्र में प्रवाहित होती हैं। ये नदियाँ बारिश के मौसम में भयावह बाढ़ लाती हैं जिससे इस क्षेत्र के लोग हर साल दर-बदर हो जाते हैं। इससे न केवल उनकी फसल बल्कि घर-बार भी तबाह हो जाते हैं। बाढ़ वापस लौटने पर एक बार फिर इस क्षेत्र के लोग जुट जाते हैं फिर से जीवन के निर्माण में। इसी तथ्य को उद्घाटित करते हुए हजारीप्रसाद द्विवेदी लिखते हैं—'इतिहास की यही विरासत इस क्षेत्र के लोगों को मिली है क्योंकि गंगा के दोनों किनारों से मीलों की दूरी तक न तो यहाँ कोई पुरातात्त्विक अवशेष बच पाया है न ही साहित्य का इतिहास लिखनेवालों को प्रलुब्ध करने लायक कोई महत्त्वपूर्ण सामग्री।'[13]

ऐसी स्थिति में किसी भी इतिहासकार के लिए विकल्प बहुत सीमित हो जाते हैं। और तब क्षेत्र के लोक-गीत उसे एक गहरी आश्वस्ति प्रदान करते

हैं। अलग-अलग तेवर और कलेवरवाले ये गीत अपने भीतर कई युगों के यथार्थ को अपने मिथ के भीतर सुर, लय ताल में बचाये हुए हैं। फगुआ, चैता, बिरहा, सोहर, झूमर, कजली, बारामासा, भजन, निर्गुन, साँझी-पराती, बहुरा, पीड़िया, गोधन, अलचारी आदि भोजपुरी लोक-गीतों के कई रंग हैं। इन लोक-गीतों के महत्त्व से अभिभूत डॉ. ग्रियर्सन ने भोजपुरी लोक-गीतों के महत्त्व का आंकलन करते हुए लिखा है—'ये भोजपुरी लोक-गीत उस खान के समान हैं जिसके खोदने का कार्य अभी आरम्भ ही नहीं हुआ है। इन गीतों की प्रत्येक बात में ऐसी विशेषता है, जिससे भाषा और इतिहास सम्बन्धी उसकी अनेक समस्याएँ हल की जा सकती हैं।'

लेकिन इस तरह के क्षेत्र का इतिहास लिखते समय किसी भी इतिहासकार को कई तरह की सावधानियाँ बरतनी पड़ेंगी। चूँकि लोक समय-समय पर अपने को परिवर्तित-परिवर्द्धित करता रहता है, तथा समाज के हर वर्ग की बातों, विचारों, समस्याओं, दिक्कतों को अपने में समेटता-सहेजता रहता है अत: इस लोक में कितना यथार्थ है कितना समय के साथ परिवर्तन-परिवर्द्धन, कितनी वास्तविकता है कितना गल्प, इसका विश्लेषण करते हुए ही इतिहास लेखन करना होगा। यद्यपि ये लोक-गीत आम आदमी के उद्‌गार हैं, तथा इनमें उनके सहज तथा निष्कपट मन की भावनाएँ व्यक्त हुई हैं। इसमें सच्चाई, अनुभूति की गहराई एवं समसामयिकता की छाप है, तथापि इतिहास का लेखन करते समय इतिहासकार को अत्यन्त सजग तथा चौकस रहना होगा। सौभाग्यवश इस क्षेत्र को उदय नारायण तिवारी, परशुराम चतुर्वेदी, महाराज कुमार दुर्गाशंकर सिंह, हंस कुमार तिवारी, राहुल सांकृत्यायन, स्वामीनाथ सिंह, गणेश चौबे, बलदेव उपाध्याय, वासुदेव उपाध्याय, विद्यानिवास मिश्र, हजारीप्रसाद द्विवेदी, भगवत शरण उपाध्याय-जैसे विद्वान् मिले हैं जिन्होंने इस क्षेत्र में महत्त्वपूर्ण कार्य किये हैं। इन विद्वानों ने लोकवार्त्ता के संकलन तथा लोकभाषाओं में वैज्ञानिक अध्ययन की परम्परा को आगे बढ़ाया जिससे भोजपुरी क्षेत्र और समाज के इतिहास लेखन को निश्चित तौर पर एक नया आयाम प्राप्त हुआ।

गुरुदेव रवीन्द्रनाथ ठाकुर के जीवन का कुछ भाग पलामू प्रवास में बीता था। वे बंगाल के लोगों की दिक्कतों और परेशानियों से भलीभाँति वाकिफ थे। इस समय का यह बंगाल देश-परदेश के रूप में ही सही किसी-न-किसी तरह भोजपुरी जनजीवन से भी जुड़ा हुआ था। रवीन्द्रनाथ की कविताओं में आम आदमी की पीड़ा कई जगह स्पष्ट रूप से उभर आयी है। अपनी एक कविता

में वे लिखते हैं—'यह जो खड़ा है सिर झुकाये, मुँह बन्द किये—जिसके म्लान मुख पर सौ-सौ शताब्दियों की वेदना की करुण कहानी लिखी हुई है, कन्धे पर ज़ितना भी बोझ लाद दो, मन्द गति से तब तक ढोये जाता है, जब तक उसमें प्राण बंचे रहते हैं, उसके बाद सन्तान को दे जाता है वह बोझ। पीढ़ियों तक यही क्रम चलता रहता है। अदृष्ट को दोष नहीं देता। देवता को स्मरण करता है पर निन्दा नहीं करता। किसी मनुष्य को भी दोष नहीं देता। मान-अभिमान करना जानता ही नहीं। सिर्फ अन्न के दो दाने खोट-कर किसी प्रकार अपने कष्ट क्लिष्ट प्राणों को जिला रखता है। वह अन्न भी जब कोई छीनने लगता है, उस थके-थकाये प्राण को भी जब गर्वान्ध निष्ठुर चोट पहुँचाता है, तो नहीं जानता कि न्याय पाने की आशा से वह किसके द्वार पर जाये। केवल दरिद्रों के भगवान् को उसाँसें भरकर एक बार पुकारता है और फिर चुपचाप मर जाता है।[14] रवीन्द्रनाथ ठाकुर की इस कविता में आम आदमी की दयनीय अवस्था का जो मर्मबेधक चित्र खींचा गया है उसे क्या केवल गल्प या कल्पना कहकर खारिज किया जा सकता है। अगर ध्यान से देखा जाय तो इसे पढ़ते हुए ऐसा लगता है जैसे भोजपुरी क्षेत्र के जीवन की एक जीवन्त तस्वीर हम देख-सुन रहे हों।

भारतीय लोक-संस्कृति में पर्याप्त विविधता दिखायी पड़ती है। इस सन्दर्भ से जुड़ा आख्यान भी इस लोक में है—'कोस कोस पर बदलै पानी, सात कोस पर बदलै बानी।' इसके बावजूद हमारी लोक-संस्कृति में एकता के कुछ सूत्र भी हैं। हमारी लोक-संस्कृतियाँ इस बात के लिए प्रेरित करती हैं कि हम अपनी संस्कृति तथा परम्परा को बने-बनाये या थोपे गये इतिहास के इतर एक दूसरे नजररिये से भी देखें।[15] लोक संस्कृतियों में लोकमंगल की भावना बहुत गहरी है। हमारी आज की राजनीति ऐसी भावनाओं को दूषित कर रही है। संस्कृति के बारे में हम जब भी सोचें तो यह जरूर सोचें कि संस्कृति जड़ नहीं है, गतिहीन नहीं है, अपरिवर्तनशील नहीं है। इस संस्कृति में असहमति, विरोध, विद्रोह की परम्पराएँ रही हैं जो हमारे लोक साहित्य में प्रतिबिम्बित होता है। और यदि हमें कल से आज और आज से आनेवाले कल की ओर जाना है तो अपनी सांस्कृतिक विरासत से बहुत-कुछ लेना होगा। लोक-गीतों में ऐतिहासिक दृष्टि को समझने का, जीवन के दर्शन को समझने का, संस्कृति को समझने का बहुत-कुछ है।[16] इस बात से इनकार नहीं किया जा सकता कि क्षेत्रीय इतिहास लेखन की अपनी कुछ समस्याएँ हैं फिर भी लोक साहित्य के आधार पर

भारतीय संस्कृति का मूल्यांकन बहुत आवश्यक है। इसके बिना हमारा सांस्कृतिक अध्ययन हमेशा अधूरा-अधूरा-सा लगेगा। और संस्कृति के इतिहास के बिना इतिहास का अध्ययन अधूरा रहेगा। जहाँ कोई पुरातात्त्विक सामग्री उपलब्ध नहीं है, जहाँ वैज्ञानिक ढंग से इतिहास लेखन की परम्परा नहीं है, जहाँ तमाम बदहाली और बार-बार उजड़ने के बावजूद लोगों के चेहरे पर एक अजीब प्रकार की मस्ती और निर्भीकता दिखायी पड़ती है, जहाँ लोग विपत्ति के थपेड़ों से बिलकुल नहीं घबराते और अपनी निरन्तर की कठिनाइयों में से ही रास्ता निकाल लेते हैं वहाँ के लोगों के जीवट को देखकर और इस मिट्टी से प्रभावित होकर यह अनायास नहीं है कि मैथिल क्षेत्र के कवि बाबा नागार्जुन अपनी एक कविता 'भोजपुर' में लिखते हैं—

यही धुआँ मैं ढूँढ रहा था
यही आग मैं खोज रहा था
यही गन्ध थी मुझे चाहिए
बारूदी छर्रे की खुशबू!...
ठहरो ठहरो इन नथनों में इसको भर लूँ...
बारूदी छर्रे की खुशबू!...
भोजपुरी माटी सोंधी है,
इसका यह अद्‌भुत सोंधापन!
लहरा उठी
कदम कदम पर, इस माटी पर
महा मुक्ति की अग्नि गन्ध
ठहरो ठहरो इन नथनों में इसको भर लूँ
अपना जनम सकारथ कर लूँ![17]

इस क्षेत्र के लोगों के लोगों के सुख-दुःख, आपत्ति-विपत्ति, उजड़ने-बसने को केवल इन लोक-गीतों और लोक-गाथाओं के माध्यम से ही समझा जा सकता है और इन्हीं के माध्यम से इनका इतिहास लिखा जा सकता है, यह बात बिना लाग-लपेट के कही जा सकती है। इस क्षेत्र का इतिहास लिखते समय किसी भी इतिहासकार को इन बातों का ध्यान रखना ही होगा अन्यथा वह वास्तविक इतिहास से कोसों दूर दिखायी पड़ेगा।

सन्दर्भ

1. गौतम धर्मसूत्र, 1.8222 बैखानस धर्मसूत्र, पारस्कर गृह्य सूत्र
2. ऋग्वेद, 10.14.9
3. उपर्युक्त, 10.90
4. सम्मेलन-पत्रिका, लोक-संस्कृति विशेषांक, संवत् 2010, पृ. 65
5. रामनरेश, कविता कौमुदी, भाग-5, पृ. 79
6. उदय नारायण तिवारी का लेख 'भोजपुरी का नामकरण', नागरी प्रचारिणी पत्रिका, वाराणसी, वर्ष 53, अंक 3-4, संवत् 2005 वि.
7. कमला प्रसाद (सं.) लोक साहित्य और संस्कृति में बद्रीनारायण का आलेख 'लोक-संस्कृति में देश और काल की अवधारणा', पृ. 30, 31
8. हाल-गाथा सप्तशती, 3.8
9. मिश्र श्रीधर, भोजपुरी लोक-गीतों के विविध रूप, पृ. 147
10. उपर्युक्त, पृ. 148
11. सिन्हा सत्यव्रत, भोजपुरी लोकगाथा की भूमिका से उद्धृत, हिन्दुस्तानी अकादमी, इलाहाबाद, 1957
12. उपाध्याय कृष्णदेव : भोजपुरी लोक साहित्य का अध्ययन, पृ. 12
13. द्विवेदी हजारीप्रसाद, हजारीप्रसाद ग्रन्थावली, भाग 9, पृ. 61, सम्पादक—मुकुन्द द्विवेदी, राजकमल प्रकाशन, नयी दिल्ली, 2007
14. द्विवेदी हजारीप्रसाद, हजारीप्रसाद ग्रन्थावली, भाग 9, पृ. 61, सम्पादक—मुकुन्द द्विवेदी, राजकमल प्रकाशन, नयी दिल्ली, 2007
15. कमला प्रसाद, सं. लोक साहित्य और संस्कृति, साहित्य वाणी, इलाहाबाद, 1994 में संकलित श्यामाचरण दुबे का आलेख 'लोक-संस्कृति और हमारा आधुनिक यथार्थ', पृ. 26
16. कमला प्रसाद, सं. लोक साहित्य और संस्कृति, साहित्य वाणी, इलाहाबाद, 1994 में संकलित श्यामाचरण दुबे का आलेख 'लोक-संस्कृति और हमारा आधुनिक यथार्थ, पृ. 26
17. नागार्जुन : प्रतिनिधि कविताएँ, राजकमल, नयी दिल्ली, पृ. 117

3

भोजपुरी लोक-गीतों में 1857

(कुँवर सिंह के विशेष सन्दर्भ में)

1857 – भारतीय इतिहास का एक ऐसा समय है जिससे हमारे स्वाधीनता संग्राम की विधिवत् शुरुआत हुई। इसी वर्ष अंग्रेजी सत्ता को पहली बार भारतीय शक्ति का वास्तविक आभास हुआ। इसे अचानक हुआ विद्रोह कहा जाय, गदर या सुनियोजित क्रान्ति का नाम दिया जाय लेकिन वैश्विक परिप्रेक्ष्य में भारतीय प्रतिरोध को पहले-पहल इस घटना के पश्चात् ही मान्यता मिली। प्रोफेसर इरफान हबीब ने इसे 19वीं शताब्दी की दुनिया का सबसे बड़ा उपनिवेश-विरोधी ऐसा विद्रोह बताया है जिसके आस-पास अन्य कोई भी क्रान्ति नहीं दिखायी पड़ती है।[1] घटना के समय ही इसे विश्लेषित करते हुए कार्ल मार्क्स ने 1857 की क्रान्ति की तुलना 1789 की महान् फ्रांसीसी क्रान्ति से करते हुए कहा – 'फ्रांसीसी राजशाही पर पहला प्रहार कुलीन वर्ग की ओर से ही आया था न कि किसानों की ओर से। इसी तरह भारतीय विद्रोह रैयतों से शुरू नहीं हुआ था जिन्हें अंग्रेजों ने यातनाएँ दी थीं, अपमानित किया था और नंगा करके छोड़ा था बल्कि सिपाहियों से आया था, जिन्हें अंग्रेजों ने वर्दी से सजाया था, खिलाया था, दुलराया था, तगड़ा किया था और सिर चढ़ाया था।[2]

साहित्य और इतिहास से इतर अपने समय की हलचलों को अपने तरह से सुरक्षित रखने का महत्त्वपूर्ण कार्य करती हैं, लोक-स्मृतियाँ। लोक-स्मृतियों द्वारा रचा गया साहित्य अन्य किसी विमर्श से प्रभावित हुए बिना खुद अपने द्वारा बनाये गये लीक पर चलता है। '1857' इसका अपवाद नहीं है। अपने इस

गौरवशाली अतीत को यहाँ की आम जनता ने अपनी लोक-स्मृतियों और लोक-गीतों में भलीभाँति सुरक्षित रखा है। मौखिक इतिहास की निर्मिति में इन लोक-स्मृतियों, लोक-गीतों, लोक किंवदन्तियों, लोक कहावतों आदि का उल्लेखनीय योगदान है। वे नायक जो किसी वजह से उपेक्षित कर दिये गये थे, या स्थानीय कदवाले थे अथवा जिनकी स्मृतियाँ धूमिल पड़ रही थीं, जनता उनको खोज-खोजकर पूरी गरिमा और गौरव के साथ सामने ला रही है।[3] वस्तुत: आम लोगों में अंग्रेजों के खिलाफ घृणा इतनी ज्यादा थी कि पूरे देश में 1857 के बारे में लोक-गीतों की भरमार मिलती है, जिसकी रचना लोक से जुड़े कवियों ने की थी। अपनी अनायास सहजता के कारण ये वास्तव में लोक रचनाएँ हैं। पी.सी. जोशी ने अपने अनुसन्धान में यह पाया है कि आधुनिक काल की किसी अन्य राष्ट्रीय घटना के मुकाबले 1857 पर लिखे गीतों की संख्या बहुत अधिक है।[4]

प्रसिद्ध इतिहासकार जी.एम. ट्रैवेलियन 1857 के विद्रोह को जगाने में लोक कलाओं के महत्त्व को रेखांकित करते हुए कहते हैं कि त्योहारों और तमाशों के दौरान नाटकों की कठपुतलियाँ विचित्र भाषा बोलने लगी थीं और खतरनाक ढंग से नाच करने लगी थीं। करुणा और कोमल भावनाएँ जगानेवाले लोक संगीत पवारा और लावड़िया पुलिस स्टेशनों के समीप बजाये जाते थे। वीर रस की प्रधानता से भरे आल्हा-ऊदल के गीत भी जनता में उत्साह का संचार करते थे। कोलकाता से पंजाब तक रात के समय खतरनाक तमाशे दिखाये जाते थे। बनजारा औरतों को भी रखा जाता था। अंग्रेजों के विरुद्ध घृणा फैलाने में इन सबका जबर्दस्त असर हुआ। भिश्तियों और आयाओं ने अंग्रेजों के यहाँ की नौकरियाँ छोड़ दीं।[5] सर जॉन के ने भी लिखा है कि कठपुतलीवाले दो विषय बहुत शौक से बताते थे – मुगलों की अधोगति और फ्रान्सीसियों की अंग्रेजों पर जीत। पहले से दर्शकों के मन में घृणा पैदा होती थी और दूसरे से तिरस्कार की भावना।[6]

1857 के विद्रोह से सीधे-सीधे जुड़े आम ग्रामीणों की इस बारे में क्या राय थी, उनकी क्या गतिविधियाँ थीं इसकी जानकारी के लिए इतिहासकारों ने कोई विशेष प्रयत्न नहीं किया। क्योंकि उनके मत में इस विद्रोह का संचालन केवल आभिजात्यवर्गीय या कुलीन लोगों द्वारा ही किया जा सकता था। आम आदमी में इस बारे में न तो कोई संचेतना थी न कोई समझ। History from below का दृष्टिकोण रखनेवाले इतिहासकारों ने भी अपने विवरणों में मुख्यत: कुलीन और शासकीय स्त्रोतों का ही इस्तेमाल किया जिसमें विद्रोहियों की मानसिकता की प्राय: उपेक्षा की गयी है। रणजीत गुहा-जैसे इतिहासकारों का विचार है कि अगर इस समय के सरकारी विवरणों के कथ्यों को एकदम विपरीत मान लिया जाय तो विद्रोहियों की मानसिकता को आसानी से समझा जा सकता था। लेकिन इस प्रकार का दृष्टिकोण अपनाने पर दोनों तरह के दृष्टिकोणों और व्याख्याओं के बीच में यथार्थ और सूक्ष्म विभेद नदारद हो जाते हैं जो विद्रोहियों की सोच और गतिविधियों में सामने आती है। इससे हमें उन प्रयासों की जानकारी नहीं मिल पाती, जो अपनी अलग संस्कृति को ब्रिटिश संस्कृति के प्रदूषण से बचाने के लिए उन्होंने किये। राज व्यवस्था तथा लोक-संस्कृति के विभिन्न अंगों, धर्म की अवधारणा और जीवन, इसके सार्थक प्रतीक विधान तथा इसके आनुष्ठानिक महत्त्व को समझने में हमें बहुत कम मदद मिलती है। विभिन्न भौगोलिक क्षेत्रों में लोगों की 1857 में क्या और किस तरह की परेशानियाँ थीं, उनमें परस्पर क्या सम्बन्ध था और भौगोलिक स्थिति के अनुसार क्या फर्क थे, इसे समझने के लिए तत्कालीन लोक-संस्कृति के सभी अंगों को समझना अनिवार्य है। इसी को समझने में लोक-गीतों, लोक कथाओं आदि मौखिक स्त्रोतों और लोक इतिहास को महत्त्वपूर्ण स्त्रोत बनाया जा सकता है। इसी कारण 1857 के विद्रोह को आम विद्रोही की नजर से देखने की जरूरत तथा प्रासंगिकता सामने आयी है।[7]

ब्रिटिश शासन का ताना-बाना और प्रकृति इस प्रकार के थे कि उससे विद्रोहियों को अपनी जीवन-शैली में दखलन्दाजी होती दिखायी पड़ रही थी लिहाजा उसने ब्रिटिश हुकूमत की प्रतीक हर उस चीज पर हमला किया जो उनकी नजर में ब्रिटिश आधिपत्य का प्रतिनिधित्व करती थी। लम्बे समय तक योजनाबद्ध विध्वंस यह स्पष्ट करता है कि आम लोगों के मन में औपनिवेशिक शक्ति के विरुद्ध घृणा की कितनी गहरी पैठ थी।[8] विद्रोहियों के लिए विध्वंस का अपना आनन्द था। औपनिवेशिक संस्थाओं के तहत किये जा रहे लगातार शोषण और दमन के प्रति विद्रोह का यह शंखनाद था।[9] इस सन्दर्भ में शाहाबाद क्षेत्र में प्रचलित पँवारा के कुछ अंश रोचक हैं जिसमें मसोढ़ी थाने का विद्रोहियों द्वारा ध्वंस और सिपाहियों की आजादी के बाद पुनपुन थाने और फिर घटना के घेराव में सभी कैदियों के आजाद होने का जिक्र है।[10] वैकल्पिक स्त्रोतों की

सहायता से ही हम जन भावनाओं के उस महत्त्वपूर्ण सेतु पर प्रकाश डाल सकते हैं जो अक्सर इतिहास लेखन में दबा रह गया है।

ब्रिटिश सरकार द्वारा स्थापित नयी-नयी व्यवस्थाओं से भारत के आम लोगों को किस प्रकार की परेशानियाँ हो रही थीं इसका रेखांकन भी इस समय के लोकगीतों में प्राप्त होता है। ब्रिटिश कानूनी व्यवस्था में किसान के गले में मुकदमेबाजी का चाक पड़ा होने से कैसे उसके उपजाऊ दिन नष्ट हो जाते थे, उसकी कर्जदारी बढ़ती जा रही थी और उसके संसाधन लगातार कम होते जा रहे थे इन सबका उल्लेख भोजपुरी सन्त सुखदेव जी की एक समकालीन कविता में किया गया है। कवि की यह रचना 19वीं सदी के बीच की है। इसमें नरक में होनेवाले लेखे-जोखे को कचहरी के रूपक में बारीकी के साथ ढाला गया है।

समुझि परी जब जाएब कचहरी
खायल पीयल लेल देल कागज बाकी सब निकसी
धरमराज जब लेखा लीहन लोहा के सोटवार मार पड़ी
आगे पीछे चोपदार ढाई बी मुगदर जय के फाँस पड़ी
अगिन खम्ब में बाँधि के रखिहें, हाजरी जमिनी कोई न करी[11]

(एक बार अदालत चले जाओ, सब समझ जाओगे। सब खाया-पीया बाहर आ जायेगा। - तुम्हारे पास सिर्फ कागज रह जायेंगे, अर्थात् तुम्हारी सब सम्पत्ति चली जायेगी और उसकी जगह सिर्फ कागजों का ढेर रह जायेगा। जब धर्मराज द्वारा हिसाब माँगा जाना किसी लोहे की छड़ से पीटे जाने जैसा होगा। चोपदार तुम्हें गले में पड़ी इस फाँस से भागने नहीं देंगे। तुम्हें बचाने और जमानत पर छुड़ाने कोई नहीं आयेगा और तुम महसूस करोगे कि तुम्हें अदालत के खम्भों से हमेशा के लिए बाँध दिया गया है।)

यहाँ आम भारतीय के लिए सम्पूर्ण ब्रिटिश व्यवस्था बेकार कागजों का ढेर थी। उसके लिए वह परायी और लूटने-खसोटनेवाली थी। इस लोक-गीत में कागज विदेशी व्यवस्था के उस आक्रमण का प्रतीक है, जो आम आदमी से उसके जीवनयापन का मूल आधार छीन लेती है और इस छीनने को कानूनन सही बताती है।[12]

कम्पनी सरकार द्वारा भारत पर आधिपत्य स्थापित करने के पश्चात् आदिवासी विद्रोहों की एक लम्बी परम्परा दिखायी पड़ती है। इस क्रम में

आदिवासियों ने ब्रिटिश सत्ता का पुरजोर विरोध किया। अपने समुदाय को एकजुट करने और रणभूमि में प्रोत्साहित करने हेतु आदिवासी लोग परम्परागत वाद्य नगाड़ा का सहारा लेते हैं। वे अपने परम्परागत हथियारों तीर-धनुष के माध्यम से ही तत्कालीन समय के बेहतर तकनीकवाले अस्त्र-शस्त्रों से लैस गोरों (अंग्रेजों) का मुकाबला करते हैं। भोजपुरी लोक ने इस संघर्ष को अपने काव्य में इस प्रकार रेखांकित किया है:

डुगड़ - डुगड़ बाजेला ऽऽ नगड़वा
पहुँचेला ऽऽ कोल - खरवार
सर - सर चले लागे तिरवा ऽऽ
मरे लागे गोरा सरदार।[13]

मंगल पाण्डेय और पीर अली की फाँसी के बाद भारतीय, खासकर भोजपुरी जनता में एक अजीब प्रकार की बेचैनी फैल जाती है। यह बेचैनी धीरे-धीरे ग्रामीण जनता और किसानों में अंग्रेजों के खिलाफ असन्तोष का रूप ले लेती है। यहाँ तक कि कुँवर सिंह- जैसे जमींदार भी बेचैन हो उठते हैं और उन्हें महसूस होता है कि अंग्रेज सरकार यह ठीक नहीं कर रही है।[14] अंग्रेज प्रशासक अपनी नीति के अनुरूप ही कुँवर सिंह को तरह-तरह का प्रलोभन देने का प्रयास करते हैं लेकिन उन पर इसका कोई असर नहीं होता। आभिजात्यवर्गीय इतिहासकार जहाँ यह अवधारणा स्थापित करते दिखायी पड़ते हैं कि कुँवर सिंह अपने संकीर्ण स्वार्थों के चलते ही विद्रोह पर उतारू होते हैं वहीं लोक-गीत इस अवधारणा को पूरी तरह खारिज कर देते हैं। लोक-गीतों में स्पष्ट तौर पर वर्णित है कि कुँवर सिंह अंग्रेजों से यह स्पष्ट कर देते हैं कि वे जनता के साथ हैं और किसी भी कीमत पर अपना रास्ता नहीं बदल सकते।

कप्तान लिखे मिलई कुँवर सिंह, आरा के सूबा बनाइब रे
तोहफा देबों, इनाम देबों, तोहके राजा बनाइब रे
बाबू कुँवर सिह भेजले सनेसवा, मोसे ना चली चतुराई रे
जब तक प्रान रही तन भीतर, मारग नहीं बदलाई रे।[15]

1857 की लड़ाई में कुँवर सिंह ने पूर्व सैनिकों, समकालीन साथियों और अपने समर्थकों को साथ लेकर विद्रोहियों की फौज तैयार किया और 27 जुलाई, 1857 को आरा पर हमला बोल दिया। यह हमला था ब्रिटिश सत्ता के प्रतीक स्थल कचहरी के ऊपर, जहाँ से अंग्रेजी सत्ता का वितान बनता था।

रामा आरा पर कईले चढ़इया रे ना
रामा कचहरी के उपरवा रे ना
रामा कुँवर सिंह कईले अधिकारवा रे ना।[16]

गाडफ्रे नामक एक अंग्रेज़ अधिकारी जिसने इस समय के वृत्तान्तों को लिपिबद्ध किया है, लिखा है कि कचहरी जल रही है। नौ बजे से ग्यारह बजे के बीच विद्रोहियों ने कचहरी में आग लगाकर रिकार्ड हाउस और दीवानी कचहरी को जला दिया। शहर के पश्चिमी कोने पर स्थित फौजदारी कचहरी को भी जलाकर खाक कर दिया गया। गाडफ्रे के इस कथन की पुष्टि उपर्युक्त लोक-गीत से हो जाती है।

26 जुलाई, 1857 को दानापुर स्थित बंगाल देसी पैदल सेना के सातवीं, आठवीं और चालीसवीं रेजीमेण्टों के विद्रोह के बाद विद्रोही सिपाही आरा की ओर कूच कर गये। दानापुर से सिपाहियों के आरा प्रयाण का यह दृश्य निश्चित रूप से भव्य एवं अद्भुत रहा होगा। ऐसा लग रहा था जैसे दानापुर से कोइलवर तक हथियारबन्द सिपाहियों का शिविर सज गया है। रास्ते में पड़नेवाले गाँवों के लोगों ने एक नयी आशा एवं उम्मीद से विद्रोही सिपाहियों के इस काफिले को देखा होगा, उसकी अगवानी की होगी, आव-भगत की होगी। उनके आगे-पीछे अंग्रेजी फौजियों एवं अधिकारियों का कहीं भी नामोनिशान नहीं था। उत्साह से लबरेज वे सिपाही आजाद देश के सिपाही की तरह लग रहे थे।

दानापुर में जब सजल हो कम्पू, कोइलवर में रहे छाय हो राम
लाख गोला तुहुँ के गनि मरिहौं, छोड़ऽ बरहवा के राज हो राम
रोवत बाड़े बाबू हो कुँवर सिंह, मुँहवा पर धर के रुमाल हो राम
लिहलीं लड़इया हम हो बूढ़ा समइया में, अब कवन होइहें हवाल हो राम।[17]

यहाँ पर कुँवर सिंह के रोने का जिक्र है। दरअसल यह कुँवर सिंह की चिन्ता है कि लगभग अस्सी वर्ष की उम्र में वे किस प्रकार अंग्रेजी सेना का सामना करेंगे। विद्रोहियों को सफल नेतृत्व देने की एक चिन्ता भी उनके जहन में जरूर रही होगी। इसके बावजूद वे जनयुद्ध में उसी भाव से उतरते हैं। जहाँ खोने के लिए कुछ नहीं रहता जबकि पाने के लिए पूरी दुनिया रहती है।

14 अगस्त, 1857 को ली स्ट्रेंज सेना की एक छोटी टुकड़ी के साथ कुँवर सिंह के किले पर गया। इस समय कुँवर सिंह जगदीशपुर से आठ मील दूर जितौरा के घने जंगल में जा चुके थे लेकिन अंग्रेजी सेना के पहुँचने के पूर्व ही वे वहाँ से निकल गये। कुँवर सिंह वहाँ से सासाराम और फिर रोहतास की पहाड़ियों में निकल गये। शाहाबाद की पहाड़ियों में कुँवर सिंह ने परम्परागत लड़ाई छोड़कर छापामार युद्ध शैली का सहारा लिया।

पहिली लड़इया कुँवर सिंह जितले, दोसर अमर सिंह भाई
तीसरी लड़इया सिपाही सब जितले, लाट गइल घबराई।[18]

लोक-गीतों में न केवल लोक की सहज अभिव्यक्ति होती है बल्कि वहाँ उसे समुचित स्थान भी दिया जाता है। इस प्रकार आभिजात्यवर्गीय दरबारी साहित्य और पूर्वाग्रह ग्रसित इतिहास लेखन से उपेक्षित होने के बावजूद यह वर्ग अपने लोक में स्वयं को प्रतिष्ठित कर गर्वित महसूस करता है। आम सिपाही की भूमिका को उपर्युक्त लोक-गीत में अत्यन्त सम्मानपूर्वक रेखांकित किया गया है जिसकी हुंकार से लाट (गवर्नर) तक घबड़ा उठता है।

लोक साहित्य की अपनी एक अद्‌भुत विशिष्टता यह है कि इससे किसी व्यक्ति-विशेष की अपेक्षा पूरे समुदाय की भावना मुखरित होती है। किसी एक नायक या बिम्ब के वितान पर इस भावना की बुनावट की जाती है जिसके माध्यम से हमें उस समुदाय की मानसिकता, परम्परा, परिवर्तन की प्रक्रियाएँ और उत्पीड़क तरीकों के विरोध के बारे में अन्तर्दृष्टि प्राप्त होती है। कुँवर सिंह के बारे में रचे गये लोक-गीत केवल उनके विद्रोह के कारणों पर ही प्रकाश नहीं डालते बल्कि उनमें आम जनता की पीड़ाएँ एवं उम्मीदें भी स्पष्ट रूप से प्रदर्शित करते हैं।[19]

करलस देस पर जुलुम जोर फिरंगिया
जुलुम कहानी सुनि तड़पे कुँवर सिंह
बन के लुटेला उतरल फौज फिरंगिया
सहर गाँव लूटी फूँकी दिहलस फिरंगिया
सुन-सुन कुँवर के हिरदय लागल अगिया।[20]

1857 की लड़ाई केवल एक जाति या समुदाय की लड़ाई नहीं थी। तमाम अधुनातन शोधों से अब यह बात स्पष्ट हो चुकी है कि इसमें सभी जाति, धर्म,

समुदाय के लोग किसी-न-किसी तरह शामिल थे। कुँवर सिंह के साथ हैं अमर सिंह। एक लोक-गीत में इस प्रकार का विवरण मिलता है जिसमें कुँवर सिंह अपनी वृद्धावस्था के कारण लड़ाई के लिए जब खुद को असहज पाते हैं तो अमर सिंह सामने आकर कहते हैं- मैं अंग्रेजों को देख लूँगा।

जीरा अइसन दाँत हो जाये, आसन अइसा बार हो जाये
जुल-जुल मांस लटकत जाये, बाँह में कूबत मिल जाये
कइसे तेगा पकड़ू मैं कैसे मनी को मारन मैं
तब ले अमर सिंह बोले सुन भइया हमरी बात
बैठ के भइया पान चबाओ अँगरेजन के देब हम मात।[21]

अंग्रेजी फौजें जब कुँवर सिंह का पीछा कर रही थीं उस समय भी कुँवर सिंह का मनोबल बहुत ऊँचा था। अप्रैल, 1858 में कुँवर सिंह ने स्वयं को दोस्तों के बीच पाया और उनके सैनिकों की जरूरतों को गाँववासियों ने स्वेच्छा से पूरा किया। ये ग्रामीण उन्हीं की जाति के थे और लगभग सभी उनके पक्ष में थे।[22] बलिया जिले के शिवपुर घाट में कुँवर सिंह से मैत्री भाव रखनेवाली पुलिस, मल्लाहों और जमींदारों ने नावों की वापसी के लिए अधिकारियों को मूर्ख बनाकर नावों को विद्रोहियों के सामने हाजिर करने में महत्त्वपूर्ण भूमिका निभायी।[23] शिवपुर घाट में गाये जानेवाले लोक-गीतों से यहाँ के जमींदार और कुँवर सिंह के बीच के रिश्तों का पता चलता है जिसमें जमींदार भाई सिधा सिंह और बिधा सिंह - कुँवर सिंह के दूतों को यह वचन देते हैं कि वे अपने हाथी-घोड़े बेचकर भी सिपाहियों को खाना खिलाकर अपने भाई कुँवर सिंह के चेहरे पर मुस्कुराहट लाने का प्रयास करेंगे :

लरबी न त का करबी, भाई के हँसइबी
हाथी घोड़ा बेचि के, सिपाहिन के खिलाइबी।[24]

वस्तुत: 1857 का विद्रोह पूरे समाज की परम्परा और प्रतिष्ठा को बचाने के लिए किया गया प्रयास था। इस मान-सम्मान की रक्षा के लिए खोज की ऐसी बारीकियों का पता केवल मौखिक इतिहास के स्रोतों के अध्ययन से ही सम्भव है। कुल-जाति के अन्तर्सम्बन्ध विद्रोह के लिए बड़ी संख्या में लोगों को संगठित करने के बड़े आधार थे।[25] मौखिक इतिहास के स्रोतों से उन विभिन्न तरीकों का भी अधिक तीव्रता से पता चलता है जिनका उपयोग करके

1857 में नाते-रिश्ते जोड़कर लोगों को विद्रोह के लिए संगठित किया गया। एक लोक- गीत में कुँवर सिंह को अपने आसपास के क्षेत्रों में अपने कुल के सभी सरदारों को अंग्रेजों के खिलाफ मदद के लिए बदहवास होकर सन्देश भेजते हुए बताया गया है:

सोने का कलम ले लिख परवाना भेजे का
जो टेकरी दाखिल हुआ, जो दुमराओ दाखिल हुआ
जो दलिपपुर दाखिल हुआ, जो रामगढ़ दाखिल हुआ
सुन तो बाबू मेरी बात, गोतिया भाई आप कहाते
मेरी मदद पर आओ काम, मैं अंग्रेजों से बिगड़ा हूँ
मेरी मदद पर आओ काम।[26]

बिहार और पूर्वी उत्तर प्रदेश में उन्नीसवीं शताब्दी में प्रचलित मान्य सामाजिक सम्बन्धों के अनुसार कौटुम्बिक और रक्त सम्बन्धों की प्रबल मान्यता थी। अपने पुरखों की आन और परम्पराओं की रक्षा के लिए लड़ रहे भाइयों की मदद करना सम्मान की बात समझा जाता था जबकि ऐसा न करनेवालों को विश्वासघाती माना जाता था।[27] कुँवर सिंह का सम्बन्धी होते हुए भी डुमराँव के राजा ने जिस तरह वक्त पर उनका साथ नहीं दिया लोक-गीतों ने उसका भी उल्लेख किया है:

एक तो मैं आस कइली राजा डुमराँव के
उहो भाग चलले जइसे बन में के खरहा
कुलही गुमलका रामा, मटिया में मिट गइले
नहीं लेवे पवली हम सुराज।[28]

उपर्युक्त लोक-गीत से यह स्पष्ट होता है कि कुँवर सिंह अपने लोगों से जिस सहयोग की अपेक्षा कर रहे थे वह उन्हें नहीं मिल पाया। अंग्रेजों का पिट्ठू डुमराँव का राजा अवसर आने पर दगा दे गया। ध्यातव्य है कि इन विश्वासघाती शासकों के ठीक उलट आम जनता एवं आम सिपाहियों ने कुँवर सिंह का कदम-से-कदम मिलाकर साथ दिया। यही कारण है कि जिन कुँवर सिंह की स्वराज्य प्राप्त करने के सन्दर्भ में एक समय आस्था डगमगाती हुई लगती है वही कुँवर सिंह आम जनता का साथ पाकर वृद्धावस्था में हुंकार भरने लगे।

1857 के संघर्ष की निर्मिति की प्रक्रिया, कुँवर सिंह और जनता के साथ उनके सम्बन्ध को इस लोक-गीत में बखूबी व्यक्त किया गया है:

गाँव-गाँव में डुग्गी बाजल, बाबू के फिरल दुहाई
लोहा चबवाई के नेवता बा, सब साज आपन दल बादल
बा जान गँवावई के नेंवता, चूड़ी फोरवावई के नेवता
सेनुर पोंछवावई के नेवता, बा राँड़ कहावई के नेवता
जेई हो हमार ते माथ देई, जेई हो हमार से साथ देई
बा इहाँ न मौका समझई के, बा इहाँ न मौका बूझई के
की तौ फेरौ नेवता हमार, की तौ तैयार हो जुझई के।[29]

आनुष्ठानिक अवसर पर लोगों को आमन्त्रित करने के लिए प्रयुक्त किया जानेवाला 'नेवता' यहाँ पर व्यापक स्तर पर लोगों को 1857 के विद्रोह से जोड़नें के लिए प्रयुक्त किया गया। नेवता ऐसा जिसमें मुश्किलें-ही-मुश्किलें भरी हैं। जिसे स्वीकार न हो वह नेवता वापस कर दे। गाँव में नेवता वापस करना अपवादस्वरूप ही होता है। इस तरह के अवसरों पर ग्रामीण जन उल्लास के साथ जुटते हैं। यह एकजुटता सामूहिकता का ही पर्याय होती है। यही नहीं इस मौके पर सभी लोग स्वत:स्फूर्त ढंग से अपनी जिम्मेदारियाँ निभाने के लिए सामने आ जाते हैं। इस गीत में जन का आह्वान है जान देने के लिए। परन्तु यह जान किसके लिए देना है? स्पष्ट है अपनी स्वाधीनता के लिए।

अपने मान-मर्यादा और सम्मान के लिए मिट जाना इस अंचल की मिट्टी की विशेषता रही है। विद्रोह इनका स्वभाव है। इस परिवेश में विद्रोह से जुड़नेवाला ही मर्द और बहादुर है। संघर्ष से मुँह चुरानेवाले, नेवता फेरनेवाले उपहास के पात्र होंगे। ऐसे कायर लोगों को समाज अच्छी दृष्टि से नहीं देखता।

लागे सरम लाज घर में बैठ जाहु
मदद से बनि के लुगइया आये हरि
पहिरी के साड़ी, चूड़ी, मुँहवा छिपाई लेहु
राखी लेब तोहरी पगरइया ए हरि।[30]

विद्रोह की विचारधारा व्यक्त करने में आम विद्रोही द्वारा सामुदायिक सहभागिता की वस्तुओं का प्रतीकात्मक उपयोग किया गया। यह बात बिहार के

भोजपुर क्षेत्र और पूर्वी उत्तर प्रदेश के लोक-गीतों में खासतौर पर दिखायी पड़ती है जहाँ विद्रोह की भावना की होली, जंगल के हिरण और शावक-जैसे आम प्रतीकों के जरिये लोक-गीतों में व्यक्त किया गया है।[31]

बाबू कुँवर सिंह के नील का बछेरवा, पीएला कटोरवा में दूध
हाली-हाली दुधवा पिआवे आये कुँवर सिंह, रैन जाये के बहुते दूर
अबकी रैनिया जितावऽऽ नील बछेरवा, सोनवे मढ़इयों चारो खुर[32]

बाबू बनवा खेले ले सिकारवा, रोवेली बनवा के हिरनिया
पहली लड़ाई बाबू हेतमपुर भईली, राजवा बहलिया दिहलासी
सतरह सौ सत्तासी मौजा कछुआ न बुझले, गढ़ लुटवा दिहले ना
रजवा देहलस धोखा ना।[33]

(बाबू ने जंगल से जंगल मुकाबला किया। जंगल के हिरण यह देखकर रो पड़े। उन्होंने पहली लड़ाई हेतमपुर में लड़ी, जहाँ राजा ने अंग्रेजों का बहेलिया बन्दूकची दिया। उसने 1787 गाँवों की परवाह नहीं की बल्कि गढ़ लुटवा दिया। हाय यह धोखेबाज राजा।)

बिहार और पूर्वी उत्तर प्रदेश में यह परम्परा है कि शोक और दु:ख की स्थिति में एक वर्ष तक कोई भी त्योहार नहीं मनाया जाता। कुँवर सिंह अंग्रेजों से युद्ध में अन्तिम रूप से पराजित हुए थे। इस हार को आम जनता ने शोक-दु:ख के रूप में लिया। इसकी अभिव्यक्ति एक लोक-गीत में होली खेलने की इच्छा न रह जाने के रूप में मिलती है:

बाबू कुँवर सिंह तोहरे राज बिनु, अब न रँगाइब केसरिया
इतते अइले घेर फिरंगी, उतते कुँवर दुहुँ भाई
गोला बारूद के चले पिचकारी, बिचवा में होत लड़ाई
बाबू कुँवर सिंह तोहरे राज बिनु, अब न रँगाइब केसरिया।[34]

अंग्रेजों के खिलाफ इस लड़ाई की अभिव्यक्ति सुस्थापित सांस्कृतिक मुहावरों और प्रतीकों में होना इस बात को साबित करता है कि लोग अपनी सांस्कृतिक विरासत की रक्षा अंग्रेजों से कर रहे थे।[35] भारतीय सांस्कृतिक परम्परा में केसरिया रंग खुशहाली, वीरता तथा शौर्य का प्रतीक रहा है। अत:

हार की इस मानसिकता में जब शौर्य बेकार गया, तो कपड़ों पर केसरिया रंग लगाना उचित नहीं है। यह तभी उचित होगा जब कुँवर सिंह का राज वापस मिलेगा और केसरिया रंग की प्रतीकात्मक सार्थकता सिद्ध होगी। उल्लेखनीय है कि 'निराशा' के इस गीत का अन्त एक ऐसे फाग के गायन से होता है जो वातावरण में नवजीवन का संचार करता है। इस फाग के द्वारा विजय और उल्लास के थोड़े लेकिन महत्त्वपूर्ण क्षणों को याद किया गया है, जब कुँवर सिंह की तलवार के जोर ने बँगलों को संघर्ष की अबीर से ढँक दिया था।

बँगला पे उड़ेला अबीर हो लाला, बँगला पे उड़ेला अबीर
हो बाबू, अहो बाबू, कुँवर सिंह, तेगवा बहादुर, बँगला पे उड़ेला अबीर।[36]

कुँवर सिंह की लोकप्रियता के पीछे केवल विद्रोह की तात्कालिकता ही थी या इसके पीछे और भी कारण थे। जनमानस में लम्बे समय बने रहना, लोक-गीतों, लोकश्रुतियों का विषय बनना निराधार नहीं हो सकता। कुँवर सिंह ने 1826 ई. में जब जगदीशपुर रियासत की बागडोर सम्हाली तब उन्होंने अपनी रियासत को हर तरह से सुखी और सम्पन्न बनाने का प्रयास किया। उन्होंने जन-कल्याण के बहुत-से कार्य किये। जगदीशपुर से आरा तक सड़क बनवायी, जिसे आज भी 'बाबू का रोड' कहा जाता है। इसके साथ ही जगदीशपुर - निठहाँ और आरा बिहिया - जगदीशपुर सड़क भी बनवाया। उन्होंने दुल्हिनगंज और बीबीगंज-जैसे गाँव अपनी पत्नी और प्रेयसी के नाम पर बसाये। शिकार और घुड़सवारी का शौक तो उन्हें था ही, जंगल की हिफाजत करने, पेड़-पौधे एवं बाग-बगीचे लगाने में भी उनकी रुचि थी। उन्होंने जगह-जगह पर जनोपयोगी कूप खुदवाये और जलाशय बनवाये, कहीं शोभा के लिए, स्नान के लिए और कहीं सिंचाई के लिए। पाठशालाएँ एवं मकतब बनवाये। जगदीशपुर में उनके द्वारा स्थापित स्कूल में 1856 में 51 विद्यार्थी थे।[37] यही नहीं उन्होंने जगदीशपुर में एक भव्य शिव मन्दिर बनवाया, जिसके निर्माण पर काफी राशि खर्च की गयी। इसके अतिरिक्त अपनी प्रेयसी-सहचरी धरमन बीबी के लिए उन्होंने आरा, जगदीशपुर और बीबीगंज में मस्जिदें बनवायीं।

जनता के बीच प्रचलित किंवदन्तियाँ, अफवाहें, पद्य अथवा जनकाव्य ने भी स्वाधीनता आन्दोलन के इतिहास के कुछ अछूते प्रसंगों को उद्घाटित किया है। शाहिद अमीन ने 'स्मृति और इतिहास : चौरी चौरा 1922-1992' और

ज्ञानेन्द्र पाण्डेय ने 'किसान आन्दोलन और भारतीय राष्ट्रवाद : अवध का किसान आन्दोलन 1919–1922' में इसी प्रकार की किंवदन्तियों, अफवाहों आदि का ऐतिहासिक मूल्यांकन करते हुए स्वाधीनता आन्दोलन का जन-इतिहास रचा है। मेजर विसेण्ट आयर और कुँवर सिंह के बीच 2 अगस्त, 1857 को हुए संघर्ष का बयान निम्नलिखित कविता में किया गया है।[38]

खलबल भइले तब कुँवर सिंह सेना बीच,
बीबीगंज आइ आयर बागी पर टूटेलनि नू
तोप आ बन्दूकि उगिले लाल आगि ओने से,
त ऐने टोंटा-हीन ही बन्दूकि लाठी बनलिनि नू
आरा आ गांगी के लड़ाई सब सोखि लेलसि,
टोटा बारूदि जे दानापुर लवलनि नू
सेनानी कुँवर त चिन्तित ना भइलँ रच,
बंक करि नैन सेना जंगल धरवलनि नू।[39]

विसेण्ट आयर और कुँवर सिंह के बीच हुए संघर्ष का बयान करती यह कविता स्पष्ट तौर पर उद्घाटित करती है कि अंग्रेजी सेना अत्याधुनिक शस्त्रों से सुसज्जित थी जबकि विद्रोहियों के पास टोंटाहीन बन्दूकें थीं जिसे विद्रोहियों ने लाठी की तरह उपयोग किया। आरा व गांगी की लड़ाई में विद्रोहियों के सारे संसाधन चूक गये। कुँवर सिंह चतुराई का परिचय देते हुए अपनी सेना को लेकर जंगल (सासाराम की तरफ) निकल गये। सत्यव्रत सिन्हा ने पं. सुन्दर लाल और टी. आर. होम्स का सन्दर्भ देते हुए लिखा है कि 2 अगस्त, 1857 को हुए संघर्ष में मेजर आयर विजयी रहा। यह संग्राम कई दिनों तक चलता रहा। अंग्रेजों की शक्ति बढ़ती गयी। अन्ततः कुँवर सिंह 100 सैनिकों और अपने महल की स्त्रियों को साथ लेकर सासाराम के पहाड़ में चले गये।[40]

इतिहासकार सुन्दरलाल के अनुसार कुँवर सिंह की इच्छा थी कि सासाराम के पहाड़ों से निकलकर दिल्ली, आगरा, झाँसी के क्रान्तिकारियों से सम्बन्ध स्थापित किया जाये। 18 मार्च, 1858 को कुँवर सिंह आगे बढ़े। आजमगढ़ से 25 मील दूर उन्होंने अपना डेरा जमाया। जिस समय अंग्रेजों को यह समाचार मिला तुरन्त मिलमैन के नेतृत्व में कुछ पैदल, घुड़सवार तथा दो तोपें 22 मार्च,

1858 को कुँवर सिंह के विरोध में आ गयीं। घमासान युद्ध हुआ। मिलमैन आजमगढ़ की ओर भाग निकला। कम्पनी के सैनिक, बैलों और गाड़ियों समेत इधर-उधर भाग गये।[41] प्रसिद्ध नारायण सिंह ने अंग्रेज फौज के साथ हुए इन युद्धों का वर्णन करते हुए लिखा है।

जब सत्तावनि के रार भइल, वीरन के वीर पुकार भइल
बाँका सेनानी कुँवर सिंह, आगे फहरावत पाग चलल
आइल रन में रिपु का आगे, जब कुँवर सिंह सेनानी ले
खच-खच खंजर तरुवारि चलल, संगीन, कृपान, कटारि चलल
बर्छी, बर्छा का बरखा से, बहि तुरत लहू के धार चलल
बन्दूक दगलि दनन-दनन दनन, गोलि दउरलि सन सनन-सनन
भाला, बल्लम, तेगा, तब्बर, बजि उठल उहाँ खन खनन-खनन
खउंलल तब खून किसानन के, जागल जब जोश जवानन के
छक्का छूटल अंगरेजनि के, गोर-गोरे कपतानन के।[42]

उपर्युक्त लोक कविता से युद्ध की प्रकृति और किसानों में विद्रोह के प्रसार पर पर्याप्त प्रकाश पड़ता है। विद्रोही सिपाही अपने परम्परागत हथियारों खंजर, संगीन, कृपाण, कटार, बर्छी, बरछा, भाला, बल्लम, तेगा, तब्बर आदि से ही पूरे दमखम के साथ लड़ रहे हैं। ग्रामीण जनता और किसान युद्ध से बेखबर नहीं है। जब उसे युद्ध की सूचना मिलती है तब किसानों का खून खौल उठता है और गाँवों के नौजवानों के अन्दर उत्साह का संचार होता है देश के लिए संघर्ष करने का।

आजमगढ़ युद्ध के पश्चात् कुँवर सिंह अंग्रेजों के साथ अपने युद्ध की रणनीति बदल देते हैं और अपनी सेना को तीन हिस्सों में बाँटकर गुरिल्ला युद्ध छेड़ देते हैं। परन्तु इसी बीच लक्ष्मीबाई के निधन की खबर से वे जगदीशपुर लौटने के लिए बाध्य होते हैं।[43] वापस लौटते समय गंगा नदी पार करते हुए उनके दाहिने हाथ में जब अंग्रेजों की गोली लगती है तो कुँवर सिंह बायें हाथ से तलवार लेकर दाहिना हाथ काटकर गंगा को भेंट कर देते हैं। इस घटना का बयान करते हुए मनोरंजन प्रसाद सिंह अपनी कविता 'कुँवर सिंह' में लिखते हैं-

रामा गोली आई लागल दाहिना हथवा रे ना
रामा काटि दिहले ले के तलवरवा रे ना
रामा डालि दिहले गंगा जी में हथवा रे ना
रामा वीर भगत के ईहे निशानवा रे ना
रामा गंगा जी के रहल नजरानवा रे ना।[44]

कुँवर सिंह से जुड़ी यह घटना जन समाज पर गहरा असर छोड़ती है और भोजपुरी समाज के लिए प्रेरणास्त्रोत बन जाती है। बद्रीनारायण के अनुसार इस प्रकार इस माध्यम से लोग एक तो अपने अन्तर्मन को भीषण संघर्ष के लिए तैयार करता है, दूसरे इसके माध्यम से वह दूसरों का भी इसके लिए आह्वान करता है। जो इसे गाता है वह मनोवैज्ञानिक रूप से अपनी अन्त:चेतना को संघर्षकामी बनाता है, पुन: जो इसे सुनता है उसका मन भी संघर्षकामी बनता है। वस्तुत: यह एक प्रकार की ललकार है।[45]

अंग्रेजों के साथ कुँवर सिंह का अन्तिम संघर्ष 23 अप्रैल, 1858 को जगदीशपुर में ली ग्राण्ड के साथ होता है। अस्सी वर्ष की उम्र में केवल एक हाथ से लड़ते हुए कुँवर सिंह मजबूत मनोबल के द्वारा एक बार फिर अंग्रेजी फौज को पराजित करते हैं। शाहाबाद गजेटियर में इतिहासकार ह्वाइट ने इस बात का उल्लेख किया हैं कि यह अंग्रेजों की करारी तथा सबसे बड़ी हार थी।[46] भोजपुरी लोक-मानस इस युद्ध का वर्णन इस प्रकार करता है।

रामा फौज ले के लीग्राण्ड साथवा रे ना,
रामा लड़े अइले करि मन सुबवा रे ना
रामा जोति यह नाहीं, पावे संगरमवा रे ना,
रामा बिजयी रहले कुँवर सिंहवा रे ना।[47]

इसी लोक-गीत के अन्तिम हिस्से में कुँवर सिंह के निधन का उल्लेख है।

रामा चलि भइले बीर सुरधमवा रे ना
रामा दुनिया में रहि गइले नामवा रे ना।[48]

ध्यातव्य है कि इसी युद्ध में विजय के पश्चात् 26 अप्रैल, 1858 को कुँवर सिंह दिवंगत हो जाते हैं और इसके बाद संघर्ष का नेतृत्व कुँवर सिंह के छोटे

भाई अमर सिंह सँभाल लेते हैं। यद्यपि 1858 में प्रकाशित अंग्रेजी अखबार कुँवर सिंह के संघर्ष को संकीर्ण नजरिये से देखते हुए कहते हैं:

The ghost touched is only white linen, and the dismay created by these reports is due to official mystry. Neither disaster is of the smallest consequence in a political point of view. General Walpole lost men, but his subsequent success was not thereby interrupted. Capt. Le Grand lost men, but Koer Singh ca'not raise Behar. Even the beharees can hardly have forgotten the style in which major Eyre with 250 men hunted him out of the province.[49]

फिर भी भोजपुरी समाज में कुँवर सिंह एक राष्ट्रनायक के रूप में प्रतिष्ठा पाते हैं—नाना साहब, रानी लक्ष्मीबाई, तात्या टोपे आदि स्वतन्त्रता सेनानियों की ही तरह। आभिजात्यवर्गीय इतिहासकार भले ही कुँवर सिंह के 1857 के संग्राम में भाग लेने का कारण उनके निजी स्वार्थों को बताते हैं लेकिन भोजपुरी लोककाव्य उन व्यापक परिप्रेक्ष्यों को रेखांकित करता है जिसके कारण कुँवर सिंह क्रान्ति में भाग लेने के लिए उद्यत हुए। वैसे भी अगर वे मात्र अपने संकीर्ण स्वार्थों अथवा सिपाहियों द्वारा दबाव डाले जाने के कारण संग्राम में शामिल हुए होते तो भोजपुरी क्षेत्र में प्रचलित-प्रसरित किंवदन्तियों, लोक-गीतों और लोकगाथाओं के नायक कत्तई नहीं बने होते। वस्तुतः इस संग्राम में कुँवर सिंह के शामिल होने के पीछे उस समय की जन भावना का सम्मान, अंग्रेजों के जोरो-जुल्म का प्रतिरोध और दंश को उनके चंगुल से मुक्त कराना आदि था। इसकी पुष्टि यह लोककाव्य करता है जिसकी इतिहासकारों ने प्रायः उपेक्षा ही की है।

बबुआ धनवा धरम अवरू गइया पर ना,
बबुआ विधवा वो राँड़ि के विरितिया पर ना
बबुआ भाई आ बहिनिया के इजतिया पर ना,
बबुआ बाप अवरू दादा के कीरतिया पर ना
बबुआ आइल रहे विपति के घरिया हो ना
बबुआ ओहि दिन दादा ले लिहले तरुवरिया हो ना।[50]

इतिहास की एक विशिष्टता यह है कि वह समय के साथ स्वयं परिवर्तित होता रहता है। ईमानदारी से तथ्यों को स्वीकार करता है। स्रोतों की विश्वसनीयता पर बल तो देता है मगर इस सन्दर्भ में कोई भेदभाव नहीं करता। बल्कि उन्हें सहज भाव से स्वीकार करता है। समय के साथ वह स्वयं को परिभाषित करता है। वस्तुतः 1857 हमारे इतिहास का वह समय है जो वास्तविक होते हुए भी आगे चलकर मिथक में परिवर्तित होता गया और समय-समय पर अपने को व्याख्यायित होता हुआ देखता रहा। इस सन्दर्भ में न जाने कितने लेखकों की कितनी अवधारणाएँ आयीं, न जाने कितनी खण्डित-मण्डित हुईं या स्थापित हुईं। लोक की ओर जब इस सन्दर्भ में ध्यान गया तो लोक-गीतों, लोक किंवदन्तियों, लोक मुहावरों के द्वारा भी अब तक छिपे तथ्यों के पक्ष को उद्‌घाटित करने का प्रयास किया गया। यह क्रम आज भी अनवरत चल रहा है।

सन्दर्भ

1. सिंह, मुरली मनोहर प्रसाद एवं चंचल चौहान (सम्पा.), नया पथ, मई, 2007 में छपा इरफान हबीब का लेख, पृ. 23
2. मार्क्स, कार्ल, द फर्स्ट वार ऑफ इण्डियन इण्डिपेण्डेन्स, 16 सितम्बर, 1857 न्यूयार्क डेली ट्रिब्यून में छपे लेख से
3. शिशिर, कर्मेन्दु : '1857 की राजक्रान्ति : विचार और विश्लेषण', अनामिका पब्लिशर्स एण्ड डिस्ट्रीब्यूटर्स, नयी दिल्ली, 2008
4. जोशी, पी.सी. (सम्पा.) : 'इन्कलाब 1857' में संगृहीत पी.सी. जोशी का लेख '1857 के बारे में लोक-गीत', पृ. 245
5. ट्रैवेलियन, जी.एम. : 'कानपुर, शार्ट नैरेटिव्स'
6. के. सर जॉन, द हिस्ट्री ऑफ सिपाय वार, खण्ड 1, पृ. 246, एफ
7. उद्‌भावना, अंक 75 में पंकज राग के लेख '1857 वैकल्पिक स्रोतों की आवश्यकता' से उद्धृत, पृ. 222
8. बकलैण्ड, सी. ई., बंगाल ले. गवर्नर्स, खण्ड 1, कोलकाता 1901, पृ. 93।
9. उद्‌भावना, उपर्युक्त लेख, पृ. 223
10. जोशी, पी.सी., : 1857 इन फोक सांग्स, दिल्ली 1994 में उपलब्ध द बैलेड ऑफ कुँवर सिंह से उद्धृत, पृ. 129।
11. सिंह, डी. पी., भोजपुरी के कवि और काव्य, पटना, 1958, पृ. 159
12. उद्‌भावना, अंक 75, में पंकज राग का लेख, पृ. 224
13. चौधरी, प्रसन्न कुमार एवं श्रीकान्त, '1857 बिहार - झारखण्ड में महायुद्ध'; राजकमल प्रकाशन, नयी दिल्ली, 2008, पृ. 359
14. शिशिर, कर्मेन्दु : (सम्पा.) भोजपुरी होरी गीत, भोजपुरी अकादमी, पटना, 1983, पृ. 81; बद्रीनारायण : लोक संस्कृति में राष्ट्रवाद; पृ. 92
15. मिश्र, श्रीधर : भोजपुरी लोक साहित्य : सांस्कृतिक अध्ययन, पृ. 199

16. शिशिर, कर्मेन्दु : 1857 की राजक्रान्ति, विचार और विश्लेषण : भूमिका, पृ. 14
17. चौधरी, प्रसन्न कुमार एवं श्रीकान्त, वही, पृ. 90
18. नया पथ, मई, 2007 अंक में हरेन्द्र देव नारायण की भोजपुरी कविता, पृ. 223
19. उद्भावना, अंक 75 में पंकज राग का लेख, पृ. 225
20. बद्रीनारायण, लोक-संस्कृति में राष्ट्रवाद, दिल्ली 1996, पृ. 94
21. लोकगाथा 'नौनीडीह की लड़ाई' से उद्धृत स्रोत – दुर्गाशंकर प्रसाद सिंह 'कुँवर सिंह के पँवारा' भोजपुरी, आरा, वर्ष 3, नं. 7, अप्रैल 1955, पृ. 43
22. F.S.V.P. IV, P. 446.
23. वही, 447
24. मिश्र, एस., लोक-गीत का स्रोत, भोजपुरी लोक-गीत के विविध रूप, पृ. 62
25. उद्भावना, अंक 75 में पंकज राग का लेख, पृ. 234
26. सिंह, दुर्गाशंकर प्रसाद, लोक-गीत का स्रोत : दुलार की लड़ाई, पृ. 40
27. उद्भावना, वही, पृ. 238
28. मिश्र, श्रीधर लोक-गीत का स्रोत, पृ. 144
29. सिंह, दुर्गाशंकर प्रसाद, वही, पृ. 41, 43
30. मिश्र, श्रीधर, वही, पृ. 158
31. उद्भावना, वही, पृ. 239
32. लाल, रामबिहारी, लोक-गीत का स्रोत, वही, पृ. 34
33. जोशी, पी.सी., वही, पृ. 79
34. जोशी, पी.सी., 1857 का फोक सांग्स, पृ. 97
35. उद्भावना, वही, पृ. 238
36. लोक-गीत का स्रोत : महापुर, वही, पृ. 415
37. कुमार, केसरी, सन् सत्तावन और वीर कुँवर सिंह, पृ. 23
38. उद्भावना, अंक 75 में रश्मि चौधरी का लेख 'निम्नवर्गीय इतिहास और राष्ट्रवाद', पृ. 419
39. सिंह, दुर्गाशंकर प्रसाद, 'भोजपुरी के कवि और काव्य' में पृ. 127 पर छपी तोफा राय की कविता
40. सिन्हा, सत्यव्रत, भोजपुरी लोकगाथा, हिन्दुस्तानी अकादमी, इलाहाबाद, 1957, पृ. 114
41. सुन्दरलाल, भारत में अँगरेजी राज्य, प्रकाशन विभाग, नयी दिल्ली, पृ. 1578
42. सिंह, दुर्गाशंकर प्रसाद, भोजपुरी के कवि और काव्य, पृ. 233
43. सुन्दरलाल, वही, पृ. 1579
44. सिन्हा, सत्यव्रत, भोजपुरी लोकगाथा, पृ. 124
45. बद्रीनारायण, लोक-संस्कृति में राष्ट्रवाद, पृ. 35
46. उद्धृत, सत्यव्रत सिन्हा कृत भोजपुरी लोकगाथा, पृ. 167
47. उपर्युक्त, पृ. 283
48. उपर्युक्त, पृ. 283
49. Friends of India (Weekly), 29 Apr. 1858. Page 389.
50. उद्भावना, अंक 75 में नीरज सिंह द्वारा उद्धृत लोक बिरहा, पृ. 376

●

4

क्रान्तिकारी आन्दोलन और भोजपुरी लोक-गीत

भारत में नवजागरण का श्रेय आमतौर पर बंगाल को दिया जाता है लेकिन जार्ज ग्रियर्सन महोदय इसमें भोजपुरी समुदाय को भी शामिल करते हैं। दरअसल बौद्धिक क्षेत्र में जो काम बंगाल ने किया वही काम शक्ति के क्षेत्र में भोजपुरियों ने किया। शक्ति को ग्रियर्सन महोदय लाठी से जोड़ते हैं जो अभी हाल तक भोजपुरियों का मुख्य हथियार हुआ करता था। लाठी की प्रशंसा में गिरधर कविराय की कुण्डलिया इस क्षेत्र के लोगों की जुबान पर रहा करती थी।

सब हथियार न छोड़ि हाथ में रखिहऽ लाठी।[1]

भारतीय परिप्रेक्ष्य में 1857 ई. के संग्राम के बाद कई ऐसी घटनाएँ घटीं जिससे यहाँ का जनमानस राष्ट्रीयता की ओर उन्मुख हुआ। अपनी मिट्टी के साथ यहाँ के लोक का जुड़ाव अनूठा है। वह अपनी जमीन को अपनी माँ के समान मानता है। अगर कोई विपत्ति न आये तो आमतौर पर यह लोक अपनी जमीन किसी भी कीमत पर दूसरे को हस्तान्तरित करना नहीं चाहता। अथर्ववेद का भूमिसूक्त इसका प्रमुख उदाहरण है जिसमें राष्ट्रीयता की अवधारणा स्पष्ट रूप से अभिव्यक्त की गयी है।[2] इसी जुड़ाव को अभिव्यक्त करता एक भोजपुरी गीत द्रष्टव्य है:

भुइयाँ महारानी सदा बरदानी, हरियर तोरा अँचरवा हो रामा
तोहरी ही कोखिया माँ ठाढ़े बिरिछि बन
तोहरी ही गोदिया माँ खेत खरिहान हो रामा
नदिया का पानी लहर-लहर भइया लेत लहरिया हो रामा

माटी अकबेरवा माँ लेहु मोरी मइया पाँच पंच मिलि लेत बलइया
लह लह लहक्यों कबहुँ न हरक्यौ, अन धन पूरन किह्यो कल्यानी
भुइयाँ महारानी।[3]

भारत एक कृषिप्रधान देश है। यहाँ के लोगों की आजीविका अधिकांशत: खेती-बारी से जुड़ी हुई है। चूँकि खेत से अन्न प्राप्त होता है जिससे जीवन चलता है अत: यहाँ लोगों का जुड़ाव जमीन से बहुत ज्यादा है। भूमि से जुड़े जन ने अपने लोक-गीतों में अपनी जमीन को शिद्दत से याद किया है। इन गीतों में जीवन है तथा वे जीवन के गीत हैं। इन गीतों में जीवन-संघर्ष है इसके द्वारा जनता ने जीवन पर विजय प्राप्त किया है। इसकी अभिव्यक्ति बड़े सुन्दर ढंग से इस गीत में हुई है-

धरती के राजा हैं खेतिहर हो
माटी के गोड़-गाड़ सींचैं पसीना तैं, फसलें उगावै इ हरियर हो
भुइयाँ है माता इ भुइयाँ पिता है, भुइयाँ उगावै सोना रूपा मोतिया
भुइयाँ है जीवन परान जगत के।[4]

1757 ई. में प्लासी की विजय के पश्चात् अंग्रेजों ने भारत की भयंकर लूटपाट शुरू कर दी। इसके प्रारम्भिक शिकार किसान और व्यापारी ही बने। ईस्ट इण्डिया कम्पनी के नौकरों की हरकतों की शिकायत करते हुए बंगाल के तत्कालीन नवाब मीरकासिम ने मई, 1762 में अंग्रेज गवर्नर को लिखा—

वे रैयत (किसानों), व्यापारियों आदि का माल-असबाब चौथाई कीमत पर जबर्दस्ती उठा ले जाते हैं तथा मार-पीट और जुल्म कर वे रैयत आदि को उस माल के लिए 5 रुपये देने को मजबूर करते हैं जिसकी कीमत सिर्फ एक रुपया होती है।[5]

1765 ई. में बंगाल, बिहार और उड़ीसा की दीवानी हाथ में आते ही उन्होंने किसानों को बुरी तरह लूटना शुरू किया। बंगाल में अंग्रेजों के प्रत्यक्ष राज के बाद यह लूट और बढ़ गयी। उन्होंने किसानों पर लगान तेजी से बढ़ाना शुरू किया। 1764-65 ई. में बंगाल के आखिरी हिन्दुस्तानी शासक के राज में 8 लाख 17 हजार पौण्ड मालगुजारी वसूल की गयी थी। लेकिन कम्पनी ने शासन

सँभालने के पहले ही साल में 1765–66 में 14 लाख 70 हजार पौण्ड मालगुजारी वसूल की जो 1771–72 में बढ़कर 23 लाख 41 हजार पौण्ड और 1775–76 में बन्दोबस्त किया तो वह बढ़ाकर 34 लाख पौण्ड कर दी गयी।[6] अंग्रेजों के इस भयंकर लूट का दूसरा पहलू यह था कि उन्होंने नहरों की सफाई और निर्माण जैसे खेती के सहायक कामों में कम–से–कम खर्च करना आरम्भ किया जिससे कम्पनी राज के 6 साल के अन्दर 1770 में बंगाल, बिहार, उड़ीसा में भयंकर अकाल पड़ा। इसमें लगभग 1 करोड़ लोग मर गये। एक तिहाई जनसंख्या समाप्त हो गयी। निर्ममता का आलम यह था कि आपदा के इस समय में भी अंग्रेजों ने और कड़ाई के साथ एवं पिछले साल से ज्यादा मालगुजारी वसूल की।

1793 ई. में बंगाल, बिहार एवं बनारस में जमीन का स्थायी बन्दोबस्त कर किसानों की बरबादी का एक नया कदम उठाया गया। इस बन्दोबस्त के कारण जमीन पर किसानों का मालिकाना हक जाता रहा और एक नया जमींदार वर्ग पैदा हो गया जो किसानों को किसी भी तरह का मुआवजा दिये बगैर उनकी जमीन का मालिक बन बैठा।[7] ध्यातव्य है कि बंगाल, बिहार एवं बनारस का जो क्षेत्र है वही भोजपुरी भाषा–भाषियों का क्षेत्र है। वह क्षेत्र जहाँ लोग जमीन को अपनी माँ के समान मानते चले आये थे। ऐसे में जब किसानों से उनकी जमीन छीनी गयी तो उनका किसानों के प्रति रोष स्वाभाविक था और इसी की परिणति इस क्षेत्र में किसान आन्दोलनों के रूप में दिखायी पड़ती है।

बिहार के किसानों की स्थिति और भयावह थी – पटना के कलेक्टर ने लिखा – 'जो किसान सात बीघा जमीन जोतते हैं वे केवल एक वखत भर पेट खा सकते हैं।' गया के कमिश्नर कहते हैं – 'सैकड़ा 40 आदमी भर पेट भोजन नहीं पाते।' पटना के कमिश्नर मि. ट्रायेनबी ने बिहारी किसानों की अवस्था का इस प्रकार वर्णन किया है – पाँच बीघा जमीन जोतनेवाले किसानों की संख्या यहाँ कम नहीं है। इतनी जमीन में साल में 125 रुपये का अनाज उत्पन्न होता है। सरकारी कर चुका देने पर किसानों के पास 102 रुपये बचता है। इतने रुपयों पर साधारणतः और छह आदमियों के साथ किसान को एक वर्ष बिताना पड़ता है। ऐसे अभागों की संख्या इस जिले में करीब 2 लाख है। लाखों

आदमियों को केवल 2 बीघे जमीन पर जीवनयापन करना पड़ता है इस सामान्य आय से उन्हें कितने कष्ट होते हैं इसका सहज अनुमान किया जा सकता है। इसके सिवाय भी सैकड़ा 15 आदमियों के बिलकुल जमीन नहीं है, वे केवल मजदूरी कर पेट भरते हैं। मजदूर भी साल में 8 महीने से अधिक काम नहीं करते। मुजफ्फरपुर, सारन, चम्पारन और दरभंगे के बहुतेरे मजदूरों को आध पेट खाकर दिन बिताने पड़ते हैं।[8]

किसानों से उनकी जमीन का छिन जाना, छिनकर जमीन का जमींदारों के पास पहुँचना किसानों के लिए पीड़ादायक था। ये जमींदार वस्तुतः अंग्रेजों के ही गुमाश्ते थे जो अधिकाधिक मालगुजारी वसूलना ही अपना मुख्य कर्त्तव्य समझते थे। किसानों की बदहाली उनके लिए कोई मुद्दा थी ही नहीं। चूँकि अंग्रेजों की ही बदौलत इन जमींदारों को मालगुजारी वसूलने का अधिकार मिला हुआ था इसलिए ये अंग्रेजों के प्रति ही खुद को जवाबदेह समझते थे। जनता के प्रति इनकी कोई जवाबदेही नहीं थी।

अंग्रेजी शासनकाल में वैसे भी स्थितियाँ धीरे-धीरे बद-से-बदतर होती जा रही थीं। समाज के कुछ बुद्धिजीवी साहित्यकारों ने इस जन के मन को झिझोड़ने का दायित्व सँभालने का प्रयास किया। भारतीय जन के अन्दर राष्ट्रीयता की भावना का संचार करने में इन साहित्यकारों की अग्रणी भूमिका दिखायी पड़ती है। इसी काल में राधाचरण गोस्वामी (हमारो उत्तम भारत देश), भारतेन्दु हरिश्चन्द्र (भारत दुर्दशा, विजयनी विजय बैजन्ती), प्रेमघन (आनन्द अरुणोदय), प्रताप नारायण मिश्र (महापर्व) और राधाकृष्ण दास (विनय) आदि ने राष्ट्रप्रेम की कविताएँ रचकर राष्ट्रीयता की भावना को जगाना चाहा। भारतेन्दु हरिश्चन्द्र अपने समय के सजग रचनाकारों में से थे। वे अंग्रेजी शोषण से भलीभाँति परिचित थे। भारत दुर्दशा में वे कहते हैं - 'रोवहुँ सब मिलि कै आवहु भारत भाई। हा-हा भारत दुर्दशा देखि न जाई।' भारतेन्दु अपनी मुकरियों के माध्यम से भी अंग्रेजों के शोषक चरित्र पर व्यंग्यात्मक वार करते हुए कहते हैं— 'भीतर-भीतर सब रस चूसें। हँसि-हँसि के तन, मन-धन मूसैं। जाहिर बातन में अति तेज। क्यों सखि साजन! नहिं! अंग्रेज।'

आजादी की भावना बुद्धिजीवियों के दिलो-दिमाग में अपनी पूरी शिद्दत से व्याप्त होने लगी थी। हिन्दुस्तान को अपने देश के रूप में महसूस कर इसे

जन्नत से भी प्यारा कहा गया। 1857 के बागी सैनिकों के कौमी तराने में इसे अभिव्यक्त करते हुए कहा गया—

हम हैं इसके मालिक हिन्दुस्तान हमारा
पाक वतन है कौम का जन्नत से भी प्यारा

आज शहीदों ने है तुमको अहले वतन ललकारा
तोड़ गुलामी की जंजीरें बरसाओ अंगारा
यह है आजादी का झण्डा, इसे सलाम हमारा

इस दौर के रचनाकारों में कविराज बाँकीदास, कल्याण सिंह कुड़रा, कनिराम, मंगू नाई, नवाब वाजिद अली शाह, अख्तर, बहादुरशाह जफर आदि 1857 से 19वीं शताब्दी के अन्त तक के ऐसे रचनाकार रहे हैं जिन्होंने स्वाधीनता को अपना स्वर प्रदान किया। इन सभी रचनाओं में खड़ीबोली का प्रयोग न होकर देशज भाषा, बोली या लोकभाषा और उनकी परम्पराओं का निर्वहन हुआ है।[9]

भारत के अन्तिम मुगल बादशाह बहादुरशाह जफर जिन्हें अंग्रेजों ने यांगून (रंगून) निर्वासित कर दिया था और जिनकी मृत्यु भी वहीं पर हुई अपनी आखिरी मशहूर रचना में देश की मिट्टी के लिए अपना विषाद व्यक्त करते हुए कहते हैं –

कितना है बदनसीब जफर दफ्न के लिए
दो गज जमीन भी न मिली कू-ए-यार में

यह अपनी मिट्टी के प्रति एक शायर का ममत्व भर नहीं है बल्कि जन की अभिव्यक्ति का वह प्रखर स्वर है जो मरना और सुपुर्दे-खाक भी होना चाहता है तो अपनी मिट्टी में। उसे और कुछ की अभिलाषा नहीं। अगर ऐसा नहीं हो पाता तो एक टीस हमेशा बनी रहती है उस व्यक्ति के मन में। यह वह ममत्व है जो किसी भी व्यक्ति को जिन्दगी भर अपनी ओर खींचता रहता है और तमाम दिक्कतों के बावजूद आदमी अपनी मातृभूमि की ओर बार-बार लौटकर उसकी गोद में सुकून प्राप्त करता है।

बंकिमचन्द्र चटर्जी की एक अत्यन्त महत्त्वपूर्ण रचना है आनन्द मठ। यह रचना अपने- आप में इसलिए महत्त्वपूर्ण है कि इसे पढ़-गुनकर ही अनेक नौजवान क्रान्ति के रास्ते पर आगे बढ़ चले थे। आनन्द मठ की एक कविता के शब्द—वन्दे मातरम् ने कांग्रेस के नेतृत्व में चलनेवाले स्वाधीनता आन्दोलन को प्रेरणा प्रदान की। यह वह शब्द था जिसे गुनगुनाते हुए भारत माता के अनेक सपूत हँसते-हँसते फाँसी के फन्दे पर चढ़ गये। सुकुमार सेन 'आनन्द मठ' के प्रभाव को रेखांकित करते हुए कहते हैं:

आनुषंगिक रूप से उसने राष्ट्रीयता और देशभक्ति की विभिन्न कार्यवाहियों को जबरदस्त प्रेरणा प्रदान की, जिसकी परिणति उस आतंकवादी (उग्रवादी) आन्दोलन में हुई जो 20वीं सदी के पहले दशक में बंगाल में शुरू किया गया।[10] रामविलास जी के अनुसार बंगाल के क्रान्तिकारी आन्दोलन से आनन्द मठ का सीधा सम्बन्ध है, वह आन्दोलन उस कृति के प्रभाव की चरण परिणति है।[11]

आनन्द मठ में वर्णित है कि अंग्रेजों की एक टुकड़ी जो खजाना लेकर जा रही थी, पर अचानक तेजस्वी डाकुओं ने हमला बोल दिया। डाकुओं ने अनेक सिपाहियों को हताहत कर आगे बढ़, गाड़ी पर रखे हुए खजाने पर अधिकार कर लिया। महेन्द्र को लगता है, ये सब डाकू हैं। वह भवानन्द के साथ चलते हुए बात नहीं करना चाहता। भवानन्द ने बातचीत के लिए पहल की किन्तु महेन्द्र गम्भीर बना रहा, उसने कोई बात नहीं की। तब महेन्द्र को और न छेड़कर भवानन्द ने गीत गाना शुरू किया—

वन्दे मातरम्!
सुजलां सुफलां मलयजशीतलां
शस्यश्यामलां मातरम्...

गीत सुनकर महेन्द्र कुछ चौंका लेकिन वह समझ नहीं पाया। उसने पूछा 'यह माता कौन है?' जवाब न देकर भवानन्द गाता रहा।

शुभ्र-ज्योत्स्ना-पुलकितत्यामिनीम्-
फुल्लकुसुमित-द्रुमदलशोभिनीम्
सुहासिनीं सुमधुरभाषिणीम्
सुखदां वरदां मातरम्!

महेन्द्र ने कहा- 'यह तो देश है, माँ तो नहीं।'

भवानन्द बोला—'हम और किसी माँ को नहीं मानते— जननी जन्मभूमिश्च स्वर्गादपि गरीयसी। हम लोग जन्मभूमि को ही माँ कहते हैं। हमारी और कोई माता नहीं, पिता नहीं, भाई नहीं, बहन नहीं, मित्र नहीं, स्त्री-पुत्र नहीं, घर-द्वार नहीं, हमारे लिये है एकमात्र वही सुजलां, सुफलां, मलयजशीतलां, शस्य श्यामलां ...।'[12]

भवानन्द ने महेन्द्र को पूरा गाकर सुनाया। महेन्द्र ने देखा कि दस्यु गाते-गाते रोने लगा है। तब उसने साश्चर्य पूछा- तुम लोग कौन हो?

भवानन्द बोला—हम लोग सन्तान हैं—माँ की सन्तान'

महेन्द्र ने प्रश्न किया— किन्तु सन्तान क्या चोरी-डकैती करके माँ की पूजा करते हैं?...

भवानन्द बोला—इसे चोरी-डकैती कहते हो? —हमने किसका धन लूटा?

महेन्द्र—क्यों राजा का धन था?

भवानन्द - जो राजा प्रजा का पालन नहीं करता, वह राजा ही कैसा?

महेन्द्र को समझाते हुए भवानन्द कहता है - देखो साँप धरती पर छाती के बल रेंगता है, उससे नीच जीव और कोई नहीं, किन्तु उस पर पाँव रखो तो वह भी फन निकालकर फुफकारता है। और एक तुम हो, जिसका धीरज किसी बात पर नहीं टूटता। देखो जितने भी देश हैं—मगध, मिथिला, काशी, कांची, दिल्ली, कश्मीर, किस देश की ऐसी दुर्दशा है? किस देश के लोग भूखे रहते हैं और भूख मिटाने के लिए घास खाते हैं, काँटे खाते हैं, वल्मीक खाते हैं? किस देश के लोग कुत्ते और सियार खाते है, मुर्दों को खाते हैं...?[13]

रामविलास शर्मा का मानना है कि आनन्द मठ में अन्याय के प्रति उदासीनता नहीं है, उसका सक्रिय प्रतिरोध है। जहाँ बन पड़े - अंग्रेजों के विरुद्ध शस्त्र उठाकर बढ़ना चाहिए - यह सन्देश पाठक के मन में उतर आता है। क्रान्तिकारियों को आनन्द मठ से प्रेरणा मिलना स्वाभाविक है। ....वन्दे मातरम् का गीत, क्रान्तिकारी संघर्ष में ही जन्मा था और उस संघर्ष के संगठन एवं संचालन के लिए गाया जाता था। किसी उपन्यास का गीत राष्ट्रीय आन्दोलन का गीत बन जाये, यह उस उपन्यास में गहरे सामाजिक यथार्थ के चित्रण से ही

सम्भव है। बंगाल के जिस नवजागरण की चर्चा बहुत होती है, उससे यह नवजागरण अलग है। लेकिन है यह नवजागरण ही और जो सक्रिय राजनीतिक प्रतिरोध से जुड़ा हुआ है।[14]

वन्दे मातरम् के जन से जुड़ाव के पीछे रामविलास जी गहरे सामाजिक यथार्थ को देखते हैं। दरअसल भारतीय लोक बहुत प्रारम्भ से ही कथा-किंवदन्तियों से जुड़ा हुआ है। शायद ही कोई ऐसा भारतीय हो जिसने अपने बचपन में रामायण-महाभारत-हितोपदेश-पञ्चतन्त्र आदि की कहानियाँ अपने स्थानीय आस्वादों के साथ अपनी माँ-दादी, दादा-नाना से न सुनी हो। इन कथाओं में तमाम दिक्कत झेलते हुए भी अन्ततः सच की जीत होती दिखायी पड़ती है। हजारों साल से ये लोककथाएँ यूँ ही आज भी जिन्दा नहीं हैं और हजारों कवियों के लेखन का स्रोत नहीं रहा है। यह जो परोक्ष साहित्यिक संस्कार है इससे इस जन को हमेशा सजग-सतर्क रखा है और जब भी राष्ट्रहित की बातों को प्रमुख तौर पर रचना के तौर पर रचा गया है वह जन में, लोक में पूजित हुआ है। वन्दे मातरम् इसका प्रत्यक्ष उदाहरण है जो पूरे स्वाधीनता आन्दोलन के दौरान क्रान्तिकारियों का प्रेरणास्रोत बना रहा।

अपनी भूमि अपने देश की वन्दना करते हुए रघुवीर नारायण ने 1911 ई. में 'बटोहिया' नामक लोक-गीत लिखा जिसे आचार्य शिवपूजन सहाय ने भोजपुरी के वन्दे मातरम् की संज्ञा से विभूषित किया। यह गीत इस प्रकार है :

सुन्दर सुभूमि भैया भारत के देसवा से,
मोरे प्रान बसे हिम-खोह रे बटोहिया
एक द्वार घेरे राम हिम-कोतवलवा से,
तीन द्वार सिन्धु घहरावे रे बटोहिया
जाहु-जाहु भैया रे बटोही हिन्द देखि आउ,
जहँवा कुहुकि कोइल बोले रे बटोहिया
पवन सुगन्ध मन्द अगर चननवा से,
कामिनी बिरह-राग गावे रे बटोहिया

विपिन अगम घन सघन बगन बीच,
चम्पक कुसुम रंग देवे रे बटोहिया
द्रुम बट पीपल कदम्ब निम्ब आम वृक्ष,
केतकी गुलाब फूल फूले रे बटोहिया
तोता तूती बोले राम बोले भेंगरजवा से,
पपीहा के पी-पी जिया साले रे बटोहिया
सुन्दर सुभूमि भैया भारत के देसवा से,
मोरे प्रान बसे गंगाधार रे बटोहिया

गंगा रे जमुनवा के झगमग पनिया से,
सरजू झमकि लहरावे रे बटोहिया
ब्रह्मपुत्र पंचनद घहरत निसि दिन,
सोनभद्र मीठे स्वर गावे रे बटोहिया
अपर अनेक नदी उमड़ि-उमड़ि नाचे,
जुगन के जदुआ जगावे रे बटोहिया
आगरा प्रयाग काशी दिल्ली कलकतवा से,
मोरे प्रान बसे सरजू तीर रे बटोहिया

जाउ-जाउ भैया रे बटोही! हिन्द देखि आउ,
जहाँ ऋषि चारों वेद गावे रे बटोहिया
सीता के विमल जस, राम-जस, कृष्ण-जस,
मोरे बाप-दादा के कहानी रे बटोहिया
व्यास, बाल्मीकि ऋषि, गौतम, कपिलदेव,
सूतल अमर के जगावे रे बटोहिया
रामानुज, रामानन्द न्यारी प्यारी रूपकला,
ब्रह्म सुख बन के भँवर रे बटोहिया

नानक कबीर, गौर शंकर, श्रीरामकृष्ण
अलख के गतिया बतावे रे बटोहिया
विद्यापति कालिदास सूर जयदेव कवि,
तुलसी के सरल कहानी रे बटोहिया
जाउ-जाउ भैया रे बटोही हिन्द देखि आउ,
जहाँ सुख झूले धनखेत रे बटोहिया
बुद्धदेव पृथु बिक्रमार्जुन शिवाजी के,
फिरि फिरि हिय सुध आवे रे बटोहिया

अपर प्रदेश देस सुभग सुघर बेस,
मोरे हिन्द जग के निचोड़ रे बटोहिया
सुन्दर सुभूमि भैया भारत के भूमि जेहि,
जन 'रघुवीर' सिर नावे रे बटोहिया

उपर्युक्त लोक-गीत दो मायने में बहुत महत्त्व पूर्ण है। पहला अंग्रेजों के दमन से त्रस्त जनता में उम्मीद का भाव संचरित के लिए अपने अतीत का गौरव बोध कराना। वह काम जिसे हिन्दी क्षेत्र में कुछ बुद्धिजीवी अंग्रेज कर रहे थे उसे भोजपुरी क्षेत्र में भोजपुरी का ही कवि अपनी बोली-भाषा में कर रहा था। और दूसरा अपनी मिट्टी के प्रति जुड़ाव की भावना जिसमें वास्तविक सुख तो धान के खेतों में धान की बालियों के साथ अपनी मस्ती में झूम रहा है। यह अनायास नहीं है कि आचार्य शिवपूजन सहाय ने, इस गीत में वन्दे मातरम् जैसे साम्य की पहचान की - 'सुजलां सुफलां मलयज शीतलाम्'।

अंग्रेजों के शोषण से त्रस्त लोक अब जागरूक होने लगा था। गोरों की खुली लूट-पाट और भारत की गरीबी उसे साल रही थी। दादाभाई नौरोजी, रजनी पामदत्त, रमेशचन्द्र दत्त जैसे विचारक अपने विश्लेषणों में यह बता रहे थे कि अंग्रेजों के शोषण का चरित्र कैसा है और किस तरह यह गंगा के पानी को निचोड़कर टेम्स की जलराशि को समृद्ध कर रहा है। यह बात अब यहाँ का आम आदमी भी समझने लगा था। इस लोक-गीत में इसकी सुन्दर अभिव्यक्ति सहज ही दिखायी पड़ती है :

भारतवासी सोइ रह्यो भइया उठि परौ होइगा सबेरा कि वाह-वाह
सोवत देखि के भारतवासिन का आय रहे गोरा कि वाह-वाह
हीरा-मोती कनक जवाहिर लूट लिहिन भर बोरा कि वाह-वाह
सब धन लूटि-लूटि भारत कर लैगे बिलायत की ओरा कि वाह-वाह
बात कहे पर मारन धावे, ऊपर करैं मुँह तुर्रा कि वाह-वाह
ऐसी दशा देखि के तुमरी कांग्रेस मचायो है सोरा कि वाह-वाह।
लड़ि मरि-जइहौं जब हिन्दू-मुस्लिम,
तब पछितइहौं जब जनिहौ कि वाह-वाह।[15]

उपर्युक्त लोक-गीत जनता के वैचारिक जागरण की ओर स्पष्ट रूप से इंगित करता है। भारतीय राष्ट्रीय आन्दोलन में क्रान्तिकारी चेतना के उभार के पीछे भारतीय जनमानस में अंग्रेजों द्वारा की जानेवाली भयावह लूट-पाट और उससे हुई तबाही का प्रमुख हाथ रहा है, जिसकी ओर इतिहासकारों का ध्यान प्रायः कम ही गया है। यह लोक-गीत इस मायने में भी अहम् है कि इसमें अंग्रेजों द्वारा भारतीय समाज में फूट डालने के लिए यहाँ के दो महत्त्वपूर्ण तबकों हिन्दुओं और मुसलमानों के बीच फैलाये जानेवाले विद्वेष को रेखांकित किया गया है। भारतीय समाज में फूट डालकर हिन्दुओं-मुसलमानों को आपस में उलझाकर अपने हित साधते रहने की जो नीति अंग्रेजों ने अपनायी उसका खामियाजा भारत को अन्ततः विभाजन के रूप में भुगतना ही पड़ा। 1885 में अपनी स्थापना के पश्चात् 1905 ई. तक भारतीय राष्ट्रीय कांग्रेस के नेता नरमपन्थी नीतियाँ अपनाये रहे। इस युग को भारतीय इतिहासकारों ने 'राजनीतिक भिक्षावृत्ति का युग' कहकर भी आलोचित किया है।

लेकिन 1905 ई. में बंगाल विभाजन की घटना के पश्चात् कांग्रेस की मनोवृत्ति में बदलाव स्पष्ट रूप से दिखायी पड़ता है। उग्र तेवरवाले नेताओं के कारण कांग्रेस अब ब्रिटिश भारत की सरकार का कड़ा प्रतिरोध करने लगी। कांग्रेस के द्वारा किये जानेवाले इसी सोर (शोर) को उपुर्यक्त लोक-गीत में उद्घाटित किया गया है।

भोजपुरी के एक महत्त्वपूर्ण कवि हैं- मनोरंजन प्रसाद सिंह। इनका जन्म 10 अक्टूबर, 1900 ई. को शाहाबाद (बिहार) के सूर्यपुरा गाँव में हुआ था।

मनोरंजन जी ने 1920 ई. के असहयोग आन्दोलन के समय ही एक भोजपुरी गीत 'फिरंगिया' लिखा जिसे भोजपुरी क्षेत्र में काफी ख्याति मिली। फिरंगिया में मनोरंजन जी ने ब्रिटिश साम्राज्य के शोषण, इस शोषण के चलते भारत की विपन्न स्थिति, बदहाल अर्थव्यवस्था और इसके पीछे ब्रिटिश सरकार का हाथ इन सब बातों का बेबाकी से वर्णन किया है।

सात सौ लाख लोग दू-दू साँझ भूखे रहे,
हरदम पड़ेला अकाल रे फिरंगिया
जेहु कुछ बाँचेला त ओकरो के लादि-लादि,
ले जाला समुन्दर के पार रे फिरंगिया
घारे लोग भूखे मरे, गेहुँआ विदेश जाय,
कइसन बाटे जग के व्यवहार रे फिरंगिया
जहवाँ के लोग सब खात ना अघात रहे,
रुपया से रहे मालामाल रे फिरंगिया
उहे आज जेने-जेने अँखिया घुमा के देखु,
तेने-तेने देखबे कंगाल रे फिरंगिया
बनिज-बेपार सब एकउ रहल नाहीं
सब कर होइ गइल नास रे फिरंगिया
तनि-तनि बात लागि हमनी का हाय रामा,
जोहिले विदेशिया के आस रे फिरंगिया
कपड़ो जो आवेला विदेश से तो हमनी का,
पेन्ह के रखिला निज लाज रे फिरंगिया
आज जो विदेसवा से आवे ना कपड़वा तऽ,
लँगटे करब जा निवास रे फिरंगिया
हमनी से ससता में रुई ले के ओकरे से,
कपड़ा बना-बना के बेचे रे फिरंगिया
अइसहीं-अइसहीं दीन भारत के धनवाँ के,

लूटि-लूटि ले जाला बिदेसे रे फिरंगिया
रुपया चालीस कोट भारत के साले-साल
चल जाला दूसरा के पास रे फिरंगिया
अइसन जो हाल आउर कुछ दिन रही रामा,
होइ जाइ भारत के नाश रे फिरंगिया[15]

ध्यातव्य है कि मनोरंजन प्रसाद सिंह छपरा के प्रतिष्ठित राजेन्द्र कालेज के प्राचार्य थे। वे अंग्रेज सरकार की लूट-खसोट से भलीभाँति परिचित थे। आगे इसी लोक-गीत में वे भारत की जनसंख्या 33 कोटि यानी तैंतीस करोड़ बताते हैं जो एक ऐतिहासिक तथ्यगत सच्चाई है। इसमें से सात करोड़ (सात सौ लाख) लोगों को अक्सर भूखे पेट सोना पड़ता है। अक्सर पड़नेवाले अकालों ने किसानों के दारिद्र्य को बढ़ा दिया है। यही नहीं सरकारी नीति भी इसके लिए बहुत हद तक जिम्मेदार है। लोग भूखे मर रहे हैं फिर भी यहाँ उत्पादित गेहूँ को व्यापार हेतु विदेशों को भेजा जा रहा है।

सुप्रसिद्ध पाश्चात्य चिकित्सक सर फ्रेडरिक ट्रिव्स ने समस्त एशिया खण्ड की यात्रा कर The other side the Lantern नाम की किताब लिखी है। इस पुस्तक में भारतवर्ष की दरिद्रता के बारे में लेखक ने कई जगह अपने विचार प्रकट किये हैं। एक जगह ट्रिव्स महोदय लिखते हैं:

India leaves on the mind an impression of poorness and melancholy. Sadder than the country are the common people of it. They are lean and wearly looking, their clothing is scanty, they all seen poor and toiling for leave to live... they appear feeble and depressed.[16]

आर्थिक विपन्नता से त्रस्त भारतीय जन अपने नायकों में वह छवि देखता था जो उसे इस विपन्नता से मुक्ति दिला सके। जनता की यह आकांक्षा जन-कवियों की रचनाओं में सहज ही देखी जा सकती है। देवरिया जिले के नगवा ग्राम के कवि लक्ष्मण शुक्ल मादक अपनी कविता 'आपन दसा' में इस आर्थिक दुर्दशा की सहज अभिव्यक्ति इस रूप में करते हैं :

आपन हलिया सुनाई कुँवर जी केकरा से करीं हम बयान
अरथ-पिसचवा के पलवा में परि के मन मोरे भइले मसान

घरवा से चललीं त तिरिया फुलइली जात बाड़े सइयाँ सिवान
कुछ धन पइहें बिदइया में सइयाँ त फगुवा के होइहें ठिकान
दूनो बिटियन के लुगवा फटल बा त हमरो उघर गइली लाज
तेलवा-फुलेलवा के कवन चलावे रहले न घरवा अनाज
छन्हिया के घरवा के खर-पात उड़ले त खँडहर बा भितिया हमार
सोचिया से दिनवा दुलम्ह होई गइले त रतिया भइल बा पहाड़
कवनो उपइया जो करतीं कुँअरजी, पवतीं जो रुपया पचास
विहँसत घरवा में हमहूँ पठइतीं, होरिया के लिहले हुलास

कुँवर सिंह 1857 के संग्राम के प्रमुख नायकों में से एक थे और प्रायः पूरे भोजपुर क्षेत्र में अपनी वीरता के लिए ख्यात थे। कुँवर सिंह से अपनी आर्थिक विपन्नता दूर करने की उम्मीद लगाये हैं एक ऐसा व्यक्ति जिसका पूरा घर बदहाल स्थिति में है। यहाँ तक कि उसकी बेटियों के वस्त्र तक फटे हुए हैं। घर में अन्न नहीं है और घर का छप्पर भी तितर-बितर होकर खँडहर बना हुआ है। अपने नायक कुँवर सिंह से इस व्यक्ति की गुहार यही है कि किसी भी उपाय से उसे कुछ रुपये मिल जाय तो उसकी स्थिति सँभल जाय। तीज-त्योहार बढ़िया तरीके से मन जाय।

1942 का वर्ष भारतीय स्वाधीनता आन्दोलन का वह वर्ष है जिसमें क्रान्ति अपने अन्तिम चरण में प्रवेश करती है। यह आन्दोलन इसलिए भी उल्लेखनीय है कि समस्त महत्त्वपूर्ण नेताओं के जेल में बन्द कर दिये जाने के बाद यह पूरी तरह जनता द्वारा ही संचालित किया गया। इस जन आन्दोलन की प्रतिध्वनि लोक-गीतों में स्पष्ट तौर पर सुनायी पड़ती है। एक बुन्देली फाग की पंक्तियाँ ध्यातव्य हैं :

बाजी भारत की रनभेरी, सुन सन् ब्यालिस केरी
क्रान्तिदल की धूम मची ती, बलिया में जिन केरी
इक तें एक हते भट बाँके, तरुनई रंग रंगे री
दहल उठी अंग्रेजी 'मथुरा' देख फौज इन केरी।[17]

उपर्युक्त बुन्देली फाग में भोजपुरी अंचल के उस बलिया जनपद का उल्लेख है जो 1942 के आन्दोलन में महाराष्ट्र के सतारा और बंगाल

के मेदिनीपुर के साथ कुछ दिनों के लिए अंग्रेजों की गुलामी से मुक्त हो गया था।

15 अगस्त, 1947 को ब्रिटिश गुलामी से जो मुक्ति भारत को मिली उसमें गाँधी जी की भूमिका के साथ-साथ क्रान्तिकारियों की भूमिका का भी महत्त्वपूर्ण योगदान है। क्रान्तिकारियों की सोच बिलकुल अलग थी। वे बहरों तक अपनी आवाज पहुँचाने के पक्षधर थे। वे जालिम ब्रिटिश अधिकारियों के मन में भारतीय प्रतिरोध की भावना का अहसास कराना चाहते थे और इसीलिए समय-समय पर इन क्रान्तिकारियों ने अनेक घटनाओं को अंजाम दिया। कमला प्रसाद मिश्र अपनी एक कविता '15 अगस्त' में भारतीय स्वतन्त्रता संग्राम की प्रायः सभी प्रमुख क्रान्तिकारी घटनाओं का जिक्र करते हुए कहते हैं :

लाहौर बेआलीस सत्तावन आजाद हिन्द के प्राण हरण
ओह अमर सहीदनि का बल पर ई स्वतन्त्रता लहाइल बा
चटगाँव केस चौरा-चोरी काकोरी जलियाँ बारदोली
एह सम बलिदान का लाल खून से ई सुराज रँगाइल बा
जेल-डामिल, जबती, बेंत, बूट, फाँसी, गोली, अपमान, लूट
विप्लव और अहिंसा से माता के बान्ह खोलाइल बा।[18]

उपर्युक्त लोक-गीत में लाहौर का अर्थ पंजाब हत्याकाण्ड, बेआलीस का अर्थ 1942 का आन्दोलन, सत्तावन का अर्थ 1857 का विद्रोह, चटगाँव केस का अर्थ चटगाँव का क्रान्तिकारी षड्यन्त्र, चौरा-चौरी का अर्थ गोरखपुर का चौरा-चौरी काण्ड, काकोरी का अर्थ काकोरी काण्ड, बारदोली का अर्थ गुजरात के बारदोली का किसान आन्दोलन, जेल-डामिल का अर्थ – काला पानी, जबती का अर्थ धन-सम्पत्ति का जब्त किया जाना, बूट का अर्थ देशभक्तों पर अंग्रेज पुलिस की बूट की ठोकर से है। ध्यातव्य है भोजपुरी का यह कवि अपने इतिहास से पूरी तरह परिचित है तभी वह यह कहता है कि लाखों घर बर्बाद होने के बाद ही पन्द्रह अगस्त का यह शुभ दिन आया है। कवि भारतीय स्वाधीनता में शहीदों के योगदान को रेखांकित करते हुए उन सभी प्रमुख क्रान्तिकारी घटनाओं को शिद्दत से याद करता है जो आधुनिक भारतीय इतिहास की प्रमुख घटनाओं में शामिल किये जाते हैं। यही नहीं कवि क्रान्तिकारी

घटनाओं में शामिल योद्धाओं के साथ बरते जानेवाले निर्मम व्यवहार को भी याद करता है जिसमें अनेक क्रान्तिकारियों को काला-पानी की सजा दे दी गयी। किसी घटना के आरोप में सम्बन्धित क्रान्तिकारी के घर-बार व सम्पत्ति को अंग्रेज सरकार द्वारा जब्त कर लिया गया। कैदी क्रान्तिकारियों को अंग्रेज पुलिस द्वारा बूटों से रौंदा गया या पीटा गया। क्रान्तिकारियों पर अंग्रेज सरकार मुकदमे का दिखावा कर उन्हें फाँसी की सजा दे देती थी। भारतीयों को अंग्रेजों द्वारा हेय दृष्टि से देखा जाना, उन्हें Indian dog, black आदि कहकर बुलाया जाना और बात-बात पर अपमानित किया जाना आम बात थी जिसे अंग्रेज सरकार आमतौर पर किया करती थी।

भोजपुरी गीतों में देवी गीत का विशेष महत्त्व है। भोजपुरी लोक ऐसे देवी की कल्पना करता है जो दया की प्रतिमूर्ति होते हुए भी दानवों का नाश करने से नहीं हिचकती। यहाँ पर दानव का अभिप्राय ऐसी शक्तियों से है जो मानव जाति की हितकारी नहीं है। इन देवी गीतों में प्राय: वीर रस की झलक मिलती है। मुझे ऐसा महसूस होता है कि अंग्रेजी राज में जब फिरंगियों का जुल्म भारतीय जनता पर काफी बढ़ गया होगा तो लोक ने इस तरह के गीतों की रचना अपने समयगत संस्कार के चलते की होगी। भोजपुरी भाषी वीर माताएँ कातर बनकर देवी के सामने नतमस्तक होना नहीं चाहतीं। वे शत्रु के नाश की परिकल्पना करते हुए कहती हैं :

मो पर दया काहे न करतीं
श्री जगदम्ब भवानी हो! मो पर दया काहे ना करतीं?
बायें हाथे खप्पर बिराजे, दाहिने में तिरसूल
दानव दल-दल मल-मल करतीं, झपट-झपट के लड़तीं
जोड़ि-जाड़ि के जूड़ा सँवरतीं सिंह ऊपर लड़तीं
खप्पर भरि-भरि लोहू पिअतीं, जोगिन संग बिहरतीं।।[19]

इसी तरह के एक अन्य गीत में कहा गया है :

बायें हाथे खप्पर सोभेला दाहिना में तिरसूल
ए भवानी हो, राउर महिमा अगम अपार
छप-छप कटलीं, गदागद ओढ़लीं

ए भवानी हो,
बाघिन रूप धरि सत्रु मास भछलीं
ए भवानी हो...

देवी के इस रौद्र रूप की कल्पना क्या मात्र कल्पनातीत है। क्या सामान्य शत्रु के इस तरह विनाश की कल्पना भक्त द्वारा की गयी है। लोक-गीत के भाव को देखकर यह बात उचित नहीं जान पड़ती। भारतीय परम्परा में स्त्रियों को शील-संकोचवाली माना जाता है। अंग्रेजी शोषण जब बेइन्तहा बढ़ता चला गया तब जन-जन में इसके प्रति रोष व्याप्त होता गया। 1920 के असहयोग आन्दोलन के बाद जनरोष की यह प्रवृत्ति आमतौर पर देखी-महसूस की जा सकती है। यही नहीं भारतीय स्वतन्त्रता आन्दोलन में इसी समय स्त्रियों की बढ़ती हुई भागीदारी को स्पष्ट रूप से देखा-महसूस किया जा सकता है। स्त्री जिसे देवी का एक रूप माना गये—से यह उम्मीद करना बेमानी भी नहीं था क्योंकि भारतीय देव परिकल्पना में दानव-विनाशक दुर्गा व काली-जैसी रौद्र रूपवाली देव कल्पनाएँ जनता में व्यापक तौर पर पहले से ही प्रचलित-प्रसरित एवं स्वीकार्य हैं। ऐसे में भोजपुरी लोक-मानस ने अगर इस देवी गीत में वीर रस का भाव भरते हुए स्त्री शक्ति को उद्वेलित करने का प्रयास किया हो, तो इसमें अनुचित ही क्या है। जरूरत है इन लोक-गीतों के वास्तविक मर्म को जानने-समझने की, जिसे आमतौर पर विद्वानों द्वारा धर्मपरक आस्थापरक गीतमात्र समझकर उपेक्षित कर दिया जाता है। मुझे ऐसा लगता है कि स्वतन्त्रता संग्राम के लिए भारतीय जनता का जो आन्दोलन व्यापक तौर पर चल रहा था, उसमें इन गीतों की भूमिका भी कहीं-न-कहीं बहुत महत्त्वपूर्ण थी और इन गीतों ने भी जनता के रोष को सम्बल प्रदान करने और उन्हें उत्तेजित करने में महती भूमिका निभायी।

देवी से सम्बन्धित लोक-गीत प्रायः बातचीत की शक्ल में हैं। इनमें एक लोक प्रसिद्ध गीत अपने भीतर कई अर्थ सन्दर्भों को लिये हुए है :

निमिया के डाढ़ि मइया लावेली हिंडोलवा कि झूली झूमी
मइया मोरी गावेली गीतिया कि झूली-झूमी ना।[20]

इस गीत में देवी नीम के पेड़ की डाल पर अपना हिंडोला लगाये हुए हैं। वह नीम का पेड़ जो एक निम्नवर्गीय माली के घर के सामने है। यह लोक अपने मन–मस्तिष्क में अपने पास देवी की परिकल्पना करता है। वह सोने के सिंहासन पर बैठी देवी की परिकल्पना नहीं करता। इसी गीत में जिक्र है कि झूला–झूलते ही माँ को प्यास लगती है और वह माली के दरवाजे पर पहुँचती हैं। माली रोजी–रोटी के सिलसिले में मेहनत–मजूरी करने कहीं बाहर गया हुआ है। देवी माली की पत्नी मलहोरिन से पानी पिलाने के लिए कहती हैं। वह देवी जो सर्वशक्तिसम्पन्न हैं और अलौकिक गुणों की स्वामिनी हैं उन्हें पानी के लिए माली के दरवाजे जाना पड़ता है। देवी जब मलहोरिन से पानी पिलाने का आग्रह करती हैं तो वह अपने व्यस्त होने की बात कहती है। मलहोरिन अपनी गोद में बच्चे को लिये हुए है। देवी के आने पर वह अभिभूत होकर खुद दौड़ी नहीं चली जाती बल्कि अपनी व्यस्तता को गर्वपूर्वक सामने रखते हुए कहती है :

कइसे में पनिया पियाई ए सीतली मइया
मोरा गोदे दीहल बलका तोहार कि मोरा गोदे।[21]

अर्थात् मैं कैसे पानी पिलाऊँ देवी? तुम्हारा दिया हुआ बालक मेरी गोद में है। इसके बाद मलहोरिन देवी माँ से नगर का कुसलात (नगर की कुशलता के बारे में) पूछती है। वस्तुतः यही लोक की पहचान और उसकी शक्ति है जिसमें एक–एक व्यक्ति अपने पूरे समाज के बारे में सोचता और चिन्तित होता है। अगर इस सन्दर्भ पर ध्यान दिया जाय तो अपने नगर के सन्दर्भ में लोक की यह चिन्ता स्वाभाविक है और इसी के मद्देनजर लोक ने अनेकानेक गीतों–गाथाओं की रचना कर अपनी बात को रखा जिसका अध्ययन सूक्ष्मता से किये जाने की जरूरत है। वस्तुतः भारत–जैसे बहुवर्गीय, बहुजातीय एवं बहुभाषी समाज को जानने के लिए लोक के सूक्ष्म पड़ताल की आवश्यकता है जिससे हमारे इतिहास पर नवीन प्रकाश पड़ सकता है। भारतीय राष्ट्रवाद का स्वरूप बहुविध, बहुपक्षीय एवं अनन्त ध्वनियों को रूपायित करनेवाला रहा है। इसके अध्ययन के लिए आधुनिक इतिहासकारों के अनेक सार्थक प्रयासों के बावजूद अभी तक हम उसके सूक्ष्म स्वरूप का अध्ययन नहीं कर पाये हैं। जो दिखायी पड़ रहा था उसका तो हमने अध्ययन किया लेकिन जो नहीं दिख रहा था उसका अध्ययन अभी भी बाकी है। अभी तक हमने उसका एकरेखीय अध्ययन

प्रस्तुत किया है। भारतीय राष्ट्रवाद की अपूर्णता की तलाश हम तब तक नहीं कर सकते जब तक राजनीतिक घटनाओं के मोह से थोड़ा मुक्त होकर राष्ट्रवादी चेतना के निर्माण की प्रक्रिया का अध्ययन नहीं कर लेते। इन स्थितियों में रणजीत गुहा की खीझ स्वाभाविक है कि भारतीय राष्ट्रवाद का इतिहास यहाँ के आभिजात्य वर्ग की आध्यात्मिक जीवनी के रूप में रचा गया है।[22]

सन्दर्भ

1. सिंह, दुर्गाशंकर प्रसाद, भोजपुरी के कवि और काव्य, पृ. 5
2. अथर्ववेद, 12/1
3. उपाध्याय, बलदेव, वैदिक साहित्य और संस्कृति, पृ. 225-226
4. रोहतगी, सरोजिनी, अवधी का लोक साहित्य, पृ. 328
5. सिंह, अयोध्या, भारत का मुक्ति संग्राम, पृ. 14
6. सिंह, अयोध्या, भारत का मुक्ति संग्राम, पृ. 16
7. उपर्युक्त, पृ. 17
8. देउस्कर, सखाराम गणेश (अनुवाद- बाबू राव विष्णु पराड़कर) - देश की बात, नेशनल बुक ट्रस्ट इंडिया, दिल्ली, 2005, पृ. 85
9. नन्दलाल हितैषी का लेख 'स्वाधीनता और साहित्य' हिन्दी साहित्य सम्मेलन प्रयाग का 61वाँ अधिवेशन एवं परिसंवाद 22-24 मार्च, 2009 की कार्य विवरण पुस्तिका, पृ. 25
10. उद्धृत, रामविलास शर्मा : स्वाधीनता संग्राम - बदलते परिप्रेक्ष्य, हिन्दी माध्यम कार्यान्वयन निदेशालय, दिल्ली विश्वविद्यालय, 1992, पृ. 72
11. उपर्युक्त, पृ. 73
12. चटर्जी बंकिमचन्द्र, आनन्द मठ (अनु. दिलीप कुमार बनर्जी), राजकमल पेपर बैक्स, 2002, पृ. 57-58
13. वही, पृ. 61-62
14. शर्मा, रामविलास, स्वाधीनता संग्राम—बदलते परिप्रेक्ष्य, पृ. 74-75
15. अवधी के लोकगीत, पृ. 231 पर उद्धृत लोक-गीत
16. सिंह, मनोरंजन प्रसाद, भोजपुरी के कवि और काव्य, पृ. 243
17. उद्धृत, देश की बात, पृ. 338-339

18. चौमासा (आदिवासी लोककला एवं तुलसी साहित्य अकादमी, म.प्र. संस्कृति परिषद्, वाणगंगा, भोपाल) अंक-73, मार्च-जून 2007 में प्रकाशित लेख 'बोलियों में राष्ट्रीय साहित्य, ले. नर्मदा प्रसाद गुप्त, पृ. 90
19. सिंह, दुर्गाशंकर प्रसाद, पृ. 258
20. सिंह दुर्गाशंकर प्रसाद, भोजपुरी लोक-गीतों में करुण रस, पृ. 42-43
21. मिश्र, विद्यानिवास (सम्पा) - वाचिक कविता भोजपुरी, पृ. 25
22. उपुर्यक्त, पृ. 25
23. औपनिवेशिक भारत के इतिहास लेखन के कुछ जरूरी पक्षों पर एक दृष्टि सबाल्टर्न स्टडीज, जिल्द-1

•

5

भोजपुरी लोक-गीतों में गाँधी जी

'ऐसे वक्त में गाँधी आये... बेहद उधेड़बुन में मुल्क डूबा हुआ था। वह एक स्वच्छ हवा के झोंके की तरह थे। हम उस झोंके में गहरी साँस ले पाये। वे एक प्रकाश की झलक के समान थे जिसने हमारे सामने पसरे अँधेरे को चीरकर हमारी आँखों के ऊपर बँधी पट्टियों को खोल दिया। वे एक तूफान की तरह थे जिन्होंने हमारी जिन्दगी को उलट-पलट दिया। वे ऊपर से थोपे नहीं बल्कि जनता के बीच से उभरे थे। उनके सन्देशों का मर्म था—अभय'। ये पंक्तियाँ जवाहरलाल नेहरू ने अपनी महत्त्वपूर्ण पुस्तक 'डिस्कवरी ऑफ इण्डिया' (1946 ई.) में गाँधी जी का जिक्र करते हुए लिखी थीं। वाकई गाँधी जी की मजबूती यही थी कि वे जनता के बीच से उभरकर सामने आये थे। लोकमान्य बाल गंगाधर तिलक की सलाह पर गाँधी जी ने जब भारत की देशव्यापी यात्रा की तो उन्होंने लोगों की गरीबी, दरिद्रता और अभाव को शिद्दत से महसूस किया। इसी क्रम में गाँधी जी ने अंग्रेजों के शोषण और जुल्मोसितम को काफी नजदीक से देखा। जनता के दुःख-दर्द और अभाव ने गाँधी की सोच ही नहीं अपितु गाँधी जी के रहन-सहन और गाँधी जी की वेशभूषा तक को पूरी तरह बदल डाला और इस तरह दुनिया को एक नया गाँधी देखने को मिला। वह गाँधी था सचमुच का महात्मा गाँधी। यहाँ इतिहास अपने को एक बार फिर से दुहरा रहा था- महात्मा बुद्ध के बाद महात्मा गाँधी का जीवन जनता के दुःख-दर्द ने पूरी तरह बदल दिया था। महात्मा बुद्ध ने जहाँ अपना ठाट-बाट का राजसी जीवन छोड़ा वहीं महात्मा गाँधी ने आधुनिक दुनिया का वैभवपूर्ण जीवन छोड़कर सामान्य दिखायी पड़नेवाला असामान्य जीवन अपनाया। यही वह

वजह थी जिसके कारण जनता ने दोनों विभूतियों को अपने दिल में वह स्थान दिया जो दुनिया में विरले लोगों को कदाचित् ही प्राप्त हो पाता है।

गाँधी जी भारतीय इतिहास की एक ऐसी विभूति हैं जिनके नाम पर भारतीय इतिहास का स्वाधीनता आन्दोलन याद किया जाता है। 1917 ई. से 1948 ई. तक का काल भारतीय इतिहास में 'गाँधी-युग' के नाम से जाना जाता है। इसी दौरान गाँधी जी में लोक ने अपने मुक्तिदाता की छवि देखी। और गाँधी जी इस लोक में पूरी तरह रच-बस गये। लोक ने गाँधी जी को असाधारण आदर देते हुए उनमें देवत्व का आरोपण किया और उन्हें चमत्कारिक बना डाला। इतिहासकार शाहिद अमीन अपने एक लेख में इस चमत्कार को उद्घाटित करने के क्रम में उस समय के एक महत्त्वपूर्ण समाचार-पत्र 'पायनियर' के सम्पादकीय को उद्धृत करते हुए लिखते हैं :

'गोरखपुर से प्रकाशित होनेवाले पत्र स्वदेश में पिछले महीने ऐसे चार चमत्कारों का उल्लेख हुआ था जिनका श्रेय गाँधी जी को दिया जा रहा है। कुओं से धुआँ निकलता दिखायी पड़ा और उसके पानी में बसी पायी गयी खुशबू केवड़े की, जो इत्र बनाने के काम आता है। इसके अलावा पवित्र कुरान की एक प्रति एक ऐसे कमरे से निकली जो साल भर से बन्द था। एक अहीर जिसने महात्मा गाँधी के नाम पर भिक्षा देने से इनकार किया था, उसका गुड़ और उसकी दो भैंसें आग में जलकर राख हो गयीं। एक ब्राह्मण जिसने संशय के कारण गाँधी जी की शक्ति को नकारा, पागल हो चला, और तीन दिन पश्चात् उस पूज्य का नाम जाप करने पर ही ठीक हो पाया।...आजकल गाजीपुर में इस किस्म की अफवाहें प्रचलित हैं- एक व्यक्ति ने किसी बात पर गाँधी जी को नाराज कर दिया, नतीजा यह हुआ कि उसे अपनी बीवी, बच्चों और भाइयों से हाथ धोना पड़ा, महात्मा गाँधी कलकत्ता और मुल्तान दोनों स्थानों में एक ही दिन देखे गये, उन्होंने दो मुर्दा वृक्षों को फिर से हरा-भरा कर दिया। ...लेकिन मिर्जापुर की एक घटना पर तो पुलिस को जल्द ध्यान देना ही पड़ेगा। किस्सा कुछ यूँ है कि एक युवा अहीरन...दिन भर भाषणों को सुनकर शाम को सहेलियों के साथ खेलते हुए अनाज के एक दाने पर गाँधी जी के नाम का मन्त्र फूँक बैठी। देखते-देखते एक के चार दाने हो गये। अगले कुछ दिनों तक वहाँ दर्शकों का ताँता लग गया और उसने चना, जौ और एक पाई-जैसी

साधारण चीजें भी चौगुनी करनी शुरू कर दी। यह खबर जरूर है कि गैर रायज और बड़े सिक्कों की वृद्धि न हो सकी। हालाँकि यह स्पष्ट रूप से हाथ की सफाई का खेल है, आन्दोलक जन चारों ओर इस चमत्कार की ढोल पीट रहे हैं। बहुत जल्द गाँव की हर खर दिमाग और सनकी लड़की इस उपलब्धि की नकल करने लगेगी।'[1]

पायनियर अखबार ने गाँधी जी से जुड़ी इन कथाओं के मूल में लोक-कल्पना को ही देखा। पूर्वी उत्तर प्रदेश का क्षेत्र आज भी विकास की दौड़ से अछूता और पिछड़ा हुआ क्षेत्र है। यहाँ के निवासियों को खेती के लिए प्राय: बारिश पर निर्भर रहना पड़ता है। नदियों की बाढ़ से हर साल दरबदर होना पड़ता है। संयोगवश गाँधी जी से जुड़ी ये कथाएँ इस क्षेत्र के किसान की मिथकीय काव्यात्मक कल्पना है जो लम्बे समय तक शोषण का शिकार रहा और जो अपनी मुक्ति के लिए अपने धर्मग्रन्थों की तर्ज पर उन देवी-देवताओं की ओर देखता रहा जिनसे वह उम्मीद करता है कि वह उसके उद्धार के लिए इस पृथिवी पर जरूर आयेगा। कहना न होगा कि कल्पना से इतिहास का दूर-दूर तक नाता न होते हुए भी यह यहाँ पर इतिहास का एक जरूरी प्रसंग लगता है। उस जरूरी ऐतिहासिक साक्ष्य की तरह जिसके बिना इतिहास की निर्मिति नहीं हो पाती। यह प्रसंग हमें बेबाकी से यह बताता है कि गाँधी जी किस हद तक लोक के मन में पैठते जा रहे थे और लोक की स्वीकारोक्ति पाते जा रहे थे।

जाहिर है गाँधी जी की दर्शनाभिलाषा लोकश्रद्धा एवं आदर का प्रत्यक्ष चिह्न थी, आश्चर्य नहीं कि इसका गाँधी-दौरा वृत्तान्तों में पुरजोर उल्लेख मिलता है। डी. जी. तेन्दुलकर ने सन् 1922 में गाँधी जी के इस 'व्यापक जनमत परिवर्तन दौर' का बखान इन शब्दों में किया है—

'अभूतपूर्व दृश्य देखने को मिले। बिहार के गाँव जहाँ गाँधी और उनके साथी पटरी से खड़ी ट्रेन में मौजूद थे, एक वृद्धा उनको ढूँढ़ती हुई आयी और बोली- महाराज, मेरी उम्र अब 104 बरस हो चली है, और नजर भी कम आता है। मैंने अनेक धामों की यात्रा की है। अपने घर में मेरे दो मन्दिर हैं। जिस प्रकार राम और कृष्ण दो अवतार हुए थे, सुना है उसी तरह गाँधी भी अवतीर्ण हुए हैं। यही वह निरा विश्वास था जो लाखों के अन्त:करण को छू गया था, और

जिन्होंने बहुदिशाई 'महात्मा गाँधी की जय' के नाद से उनका सम्पूर्ण भारत में स्वागत किया था। बारिसाल की वेश्याएँ, कलकत्ता के मारवाड़ी-ताजिर, उड़िया कुली, रेलवे हड़ताली, खादी चादरें भेंट करने पर बजिद सन्थाल- सभी उनको चाहते।... अलीगढ़ से डिब्रूगढ़ और सुदूर तिनेवैली तक गाँधी गाँव-गाँव, नगर-नगर गये और यदा-कदा मन्दिरों-मस्जिदों में भी बोले। वे जहाँ भी पधारे जनता के प्रेम प्रकोप को झेलते ही गये।'[2]

गाँधी जी की व्याप्ति और लोक स्वीकारोक्ति अखिल भारतीय थी। वह लोक जो पूरे देश को निर्मित करता है। यही कारण है कि गाँधी जी देश की प्राय: हर बोली-भाषा में सहज ही दिखायी पड़ते हैं। अंग्रेजों के अत्याचार से त्रस्त बुन्देली लोक गाँधी जी में उम्मीद की किरणें देखता हुआ कह उठा :

गाँधी बाबा तोर बँसुरिया बाजे कौने-कौने ओर
अफ्रीका नेटाल में बाजी, विपदा होइगे थोर
चम्पारन खेड़े में बाजी, कस्टा कस्ट घनघोर
सो बंशी अब बाज रही है, भारत में चहुँओर[3]

उपर्युक्त लोक-गीत में गाँधी जी द्वारा दक्षिण अफ्रीका के नेटाल में चलाये गये आन्दोलन तत्पश्चात् भारत में 1917 ई. के चम्पारन आन्दोलन और 1918 ई. में खेड़ा आन्दोलन की बात की गयी है। नेटाल वह जगह थी जहाँ गाँधी जी ने सत्याग्रह का प्रयोग आरम्भ किया। चम्पारन का आन्दोलन नील विरोधी किसान आन्दोलन था जबकि खेड़ा का आन्दोलन प्लेग फैलने और अकाल पड़ने के कारण किसानों के लगान अदा करने में असमर्थ होने और राज्य के प्रति उनमें होनेवाले असन्तोष की परिणति था। इन दोनों आन्दोलनों से गाँधी जी किसानों की सहानुभूति और समर्थन प्राप्त करने में सफल रहे जिससे उनको एक व्यापक जनाधार प्राप्त हुआ।

लोक की व्याप्ति असीम होती है। सच को अभिव्यक्त करने का उसका अपना तरीका होता है। इसके लिए वह सार्वभौमिक उपमानों को चुनने से भी नहीं चूकता। लोक का नायक सार्वभौमिक उपमानों की तरह ही या कहीं-कहीं उससे भी बढ़कर दिखायी पड़ता है। उदाहरण के तौर पर पूर्व सोवियत संघ

के प्रान्त जार्जिया के एक रूसी लोक-गीत 'दो सूर्य' को लिया जा सकता है जिसमें रूसी इतिहास के महत्त्वपूर्ण व्यक्तित्व लेनिन के लिए सूर्य की उपमा को चुना गया है। इस गीत में कहा गया है :

सूर्य आओ प्रकट हो, हम बहुत आँसू बहा चुके
दुःख को हल्का करो, लेनिन तुम्हारे ही समान था
अपनी ज्योति उसे भेंट करो, मैं बताये देता हूँ
तुम लेनिन की बराबरी नहीं कर सकते
दिन का अवसान होते ही तुम्हारी आभा क्षीण हो जाती है
पर लेनिन के प्रकाश का लोप नहीं होता[4]

उपर्युक्त लोक-गीत में लेनिन की तुलना सूर्य से करते हुए भी उन्हें इतना बड़ा बताया गया है जिसकी बराबरी सूर्य भी नहीं कर सकता। क्योंकि सूर्य तो प्रतिदिन सायंकाल होते ही अपनी आभा गँवा देता है और कहीं खो जाता है जबकि लेनिन की कीर्ति का प्रकाश तो दिन-ब-दिन चहुँओर बिखरता जा रहा है। उसका प्रकाश कभी भी मन्द नहीं पड़ता। भारतीय लोक-मानस अपने नायक गाँधी में भी कुछ इसी तरह की छवि देखता है।

देवेन्द्र सत्यार्थी द्वारा संकलित दो पंजाबी लोक-गीतों में यह छवि स्पष्ट रूप से दिखायी पड़ती है। सत्यार्थी जी को यह लोक-गीत दिल्ली के शरणार्थी शिविर की एक महिला ने सुनाया था। पहला गीत इस प्रकार है :

साडे बेहड़े सूरज चढ़िया सूरज चढ़िया
सूरज बेखड़ आओ गाँधी, आओ गाँधी
तूँ वी ते इक्क सूरज ए, इक्क सूरज ए
सूरज बेखड़ आओ गाँधी, आओ गाँधी
किक्कुण आवाँ भोलिए
मैनूँ कम्म हजार, कम्म हजार
मेरे चरखे चो निक्कलियाँ
अज्ज लम्मसलम्मा तार, लम्मसलम्मा तार,
अंग्रेज कहे मैं जा रिहा, जा रिहा

गाँधी आँखें बेलीया तूँ छेती जा, छेती जा
अंग्रेज कहे मेरे कण्डा खुब्भा, कण्डा खुब्भा,
गाँधी आँखें बेलीया दस्स कित्ते खुब्भा, कित्ते खुब्भा
गाँधी कण्डा खिच्च लिया, खिच्च लिया,
अंग्रेज पया अज्ज लम्मड़े राह, लम्मड़े राह,
लोकी भेड़े लड़ रहे गाँधी दा की दोष, की दोष,
हट के बैठो भेड़ियो बे कर देखो कुझ होश कुझ होश
सूरज रिशमा छड्डियाँ अज चमके धरती, चमके धरती,
गाँधी मत्था टेकिया अज खुश ए धरती, खुश ए धरती

अर्थात्—

मेरे आँगन में सूर्य उदय हुआ है, सूर्य उदय हुआ है,
सूर्य देखने के लिए आओ, हे गाँधी, आओ हे गाँधी,
तुम भी तो एक सूर्य हो, एक सूर्य हो,
सूर्य देखने के लिए आओ, हे गाँधी, आओ हे गाँधी
कैसे आऊँ, भोली नारी
मुझे तो हजार कार्य करने हैं, हजार कार्य करने हैं,
मेरे चरखे से निकला है— आज लम्बा तार, लम्बा तार
अंग्रेज कहता है— मैं जा रहा हूँ, जा रहा हूँ,
गाँधी कहते हैं— मित्र तुम शीघ्र जाओ, शीघ्र जाओ,
अंग्रेज कहता है—मेरे कांटा चुभ गया, कांटा चुभ गया
गाँधी कहते हैं— कहो मित्र कहाँ चुभ गया, कहाँ चुभ गया,
गाँधी ने काँटा बाहर खींच लिया, खींच लिया
आज अंग्रेज लम्बे रास्ते पर चल पड़ा, लम्बे रास्ते पर चल पड़ा,
बुरे लोग लड़ रहे हैं, गाँधी का क्या दोष है, क्या दोष है,
हटकर बैठो, ओ बुरे लोगों, कुछ तो होश कर देखो होश कर देखो

सूर्य ने रश्मियाँ फैलायीं, आज धरती चमक रही है, धरती चमक रही है,
गाँधी ने नमस्कार किया- आज धरती खुश है, धरती खुश है,[5]

देवेन्द्र सत्यार्थी उक्त लोक-गीत के सन्दर्भ में अपने संस्कृत के एक विद्वान् मित्र का हवाला देते हुए कहते हैं—'इस गीत की उठान तो एकदम वैदिक ऋचाओं का स्मरण करा रही है।' इस गीत में भी गाँधी की तुलना सूर्य से की गयी है। गीत की अन्तिम पंक्तियों में सूर्य रश्मि के फैलने की बात कही गयी है। वस्तुत: यह रश्मि आजादी के सूर्य की है जिसे लाने में गाँधी जी की भूमिका अप्रतिम है। आजादी के ओज से हमारी भारत भूमि आज बहुत खुश है। गाँधी रूपी सूर्य आज अपनी इस धरती को नमन कर रहा है।

इसी तरह के एक अन्य लोक-गीत का उदाहरण सत्यार्थी जी देते हैं :

तूँ साडे पिण्ड कदी वी न आया, भला मैंनूँ तेरी सौंह
तूँ देश आजाद कराया, भला मैंनूँ तेरी सौंह
वीराँ तो भैंणा खोह लइया, भला मैंनूँ तेरी सौंह
मावाँ तो धीयाँ खोह लइया, भला मैंनूँ तेरी सौंह
तैनूँ अजे वी सच्च न आया, भला मैंनूँ तेरी सौंह
तूँ देश आजाद कराया, भला मैंनूँ तेरी सौंह
इस पिण्ड दे लोक नादान, भला मैंनूँ तेरी सौंह
इस पिण्ड दे घर वीरान, भला मैंनूँ तेरी सौंह
इत्थे गिलझाँ झुरमुट लाया, भला मैंनूँ तेरी सौंह
तूँ देश आजाद कराया, भला मैंनूँ तेरी सौंह
अज भों दी हिक्क ते रत्त दिस्से, भला मैंनूँ तेरी सौंह
अज्ज धावाँ विच्चों पाक रिसे, भला मैंनूँ तेरी सौंह
रब्ब डाढे कहर कमाया, भला मैंनूँ तेरी सौंह
तूँ देश आजाद कराया, भला मैंनूँ तेरी सौंह

अर्थात्—

तुम हमारे गाँव कभी नहीं आये, भला मुझे तेरी सौगन्ध।
तुमने देश आजाद करा दिया, भला मुझे तेरी सौगन्ध।

भाइयों से बहनें छीन ली गयीं, भला मुझे तेरी सौगन्ध।
माताओं से पुत्रियाँ छीन ली गयीं, भला मुझे तेरी सौगन्ध।
तुमने देश़ आजाद करा दिया, भला मुझे तेरी सौगन्ध।
इस गाँव के लोग नादान हैं, भला मुझे तेरी सौगन्ध।
इस गाँव के घर वीरान हो गये, भला मुझे तेरी सौगन्ध।
यहाँ गिद्धों का झुरमुट आ पहुँचा, भला मुझे तेरी सौगन्ध।
तुमने देश आजाद करा दिया, भला मुझे तेरी सौगन्ध।
आज भूमि की छाती पर रक्त दिखायी देता है, भला मुझे तेरी सौगन्ध।
निर्मोही भगवान् ने कितना अन्याय दिखाया, भला मुझे तेरी सौगन्ध।
तुमने देश आजाद करा दिया, भला मुझे तेरी सौगन्ध।[6]

उपर्युक्त गीत भी गाँधी जी को सम्बोधित करते हुए है। गाँधी जी, जिन्होंने देश को आजाद कराया उन्हें सौगन्ध देते हुए ही कविता में पूरी बात की गयी है। हर दूसरी पंक्ति में यह सौगन्ध बार-बार आता है। यहाँ यह ऊब पैदा नहीं करता बल्कि बिडम्बना बोध को और तीखा कर इसे और मारक और तीखा बनाता है। इस गीत में आजादी के साथ ही हुए बँटवारे के दंश को दर्शाया गया है। साम्प्रदायिक बँटवारा जिसने इनसान को पूरी तरह हैवान बना डाला। वह घटना जिसमें स्त्री माँ, बहन या बेटी न होकर बस एक भोग्या भर रह गयी। वह घटना जिसमें साम्प्रदायिक तत्त्व गिद्ध के झुण्ड में बदलकर गाँव-घरों को वीरान करने एवं श्मशान बनाने में तनिक भी नहीं चूके। वह घटना जिसने भारत माँ के आँचल को बेरहमी से रक्तरंजित कर दिया। समझ नहीं आ रहा यह कैसी आजादी है जिसमें सब-कुछ बहुत खौफनाक दिखायी पड़ रहा है। फैज अहमद फैज अपनी एक नज्म 'सुब्हे आजादी 1947' में अपनी इसी पीड़ा को सशक्त अभिव्यक्ति देते हुए लिखते हैं-

ये दाग़ दाग़ उजाला, ये शबगज़ीदा सहर
वो इन्तिज़ार था जिसका, ये वो सहर तो नहीं।[7]

रात की डसी हुई इस सुबह, जो आजादी की रश्मि लिये आयी है, वह सुबह तो नहीं है जिसका इन्तजार एक लम्बे अरसे से सबको था। यह उजाला अर्थात् हमारी आजादी तो दागदार है।

किसी भी आन्दोलन की सफलता जनता से उसके जुड़ाव पर निर्भर करती है। गाँधी जी ने इस मर्म को बखूबी समझा था। भारतीय समाज अभी भी पिछड़ा हुआ था। अनेक संकीर्ण प्रवृत्तियाँ भारतीय समाज में इस समय भी विद्यमान थीं। जबकि लोक कभी भी संकीर्ण नहीं होता। अस्पृश्यता, जाति–पाँति तथा ग्रामों में अवरुद्ध जीवन में नवीन चेतना का मन्त्र फूँकने के लिए इस युग में पाश्चात्य दर्शन की अपेक्षा भारतीयों ने स्वदेशी परिस्थितियों के अनुकूल स्थानीय समाधान खोजने में रुचि ली।[8] सम्भवतः इसी के मद्देनजर गाँधी जी ने स्वदेशी और बहिष्कार को अपने आन्दोलन का प्रमुख अंग बनाया। यह स्वदेश की भावना भारतीय लोक से गहरे तौर पर जुड़ी हुई है। गाँधी जी ने इसे बखूबी पहचान लिया था। गाँधी जी के इन प्रयासों के परिणाम इस कदर सकारात्मक निकले जिसके बारे में शायद उन्होंने भी न सोचा हो। स्वाधीनता आन्दोलन पढ़े–लिखे बुद्धिजीवियों की देहरी लाँघकर गाँवों तक आम जन के बीच फैला। जो अशिक्षित जन राजनीति का ककहरा तक नहीं जानता था वह अब लोक–गीतों में राष्ट्र छवि को गीतांकित करने लगा। गाँवों के न केवल पुरुष अपितु पर्दे के अन्दर जीने–मरनेवाली महिलाएँ तक गाँधी जी के जलसे में जाने के लिए उत्साहित दिखने लगीं। इसी क्रम में ग्रामीण महिलाएँ अपने को पति से गाँधी जी की सभा में ले चलने का आग्रह करती हैं।

मैं भी तेरे साथ चलूँगी गाँधी जी के जलसे में[9]

गाँधी जी के स्वदेशी और बहिष्कार आन्दोलन का वस्तुतः आर्थिक आयाम था। अंग्रेजों द्वारा भारतीय सम्पत्ति के बेहिसाब निष्कासन को समझते हुए गाँधी जी ने इसे सोच–समझकर आगे बढ़ाया था। अपने इस आन्दोलन के द्वारा गाँधी जी जनता को यह समझाने में सफल रहे कि अंग्रेजी हुकूमत को समाप्त करने के लिए उसके जड़ पर चोट करनी पड़ेगी। एक बार जहाँ यह कामयाब हुआ कि फिर अंग्रेजी शासन समाप्त करना बहुत आसान हो जायगा। अंग्रेजों द्वारा आर्थिक शोषण की दुरभिसन्धि के विरोध में नरनारियों में सक्रिय असन्तोष और व्याकुलता दिखायी पड़ने लगी। किशोरियों के एक गीत में इसकी झलक दिखायी पड़ती है :

तुम बूँद विलायती छोड़ो, हे सखी गाँधी बाबा आ रहे हैं।
तुम खद्दर पहना करो, हे सखी गाँधी बाबा आ रहे हैं।

तुम नथ और बाली छोड़ो, हे सखी गाँधी बाबा आ रहे हैं।
तुम मिल का चुन पिसाना छोड़ो, हे सखी गाँधी बाबा आ रहे हैं।
तुम घर का पिसा खाया करो, हे सखी गाँधी बाबा आ रहे हैं।
तुम फिल्मी गाने छोड़ो, हे सखी गाँधी के गीत गाया करो
हे सखी गाँधी बाबा आ रहे हैं।[10]

5 फरवरी, 1922 गोरखपुर के पास चौरीचौरा में 21 पुलिस कर्मचारियों और एक सब-इन्स्पेक्टर के युवा पुत्र के साथ पुलिस चौकी जलाये जाने की खबर आने पर गाँधी जी ने 11 फरवरी, 1922 को असहयोग आन्दोलन स्थगित कर दिया। आन्दोलन को वापस लिये जाने से कांग्रेस में हतोत्साह की भावना फैल गयी। कई कांग्रेसी नेताओं ने गाँधी जी को जेल से लम्बे और आक्रोश भरे पत्र लिखे और उनके निर्णय का विरोध किया। इस फूट का फायदा उठाकर ब्रिटिश सरकार ने 10 मार्च, 1922 को गाँधी जी को गिरफ्तार कर लिया और उन्हें छह वर्ष के कैद की सजा सुनायी गयी।[11] गाँधी जी को 1924 ई. में जेल से छोड़ दिया गया। 24 जून, 1924 को अहमदाबाद में हुए कांग्रेस अधिवेशन में गाँधी जी ने अपने कार्यक्रम को आगे बढ़ाने के लिए तीन प्रस्ताव रखे जिनमें पहला प्रस्ताव था कांग्रेस की सदस्यता न्यूनतम मात्रा में सूत कातने की योग्यता के आधार पर दी जाये। अन्ततः इस प्रस्ताव को स्वीकार कर लिया गया और इस प्रकार कताई पर आधारित मताधिकार की शुरुआत हुई जिसके अन्तर्गत कांग्रेस के प्रत्येक सदस्य के लिए यह आवश्यक था कि वह प्रति मास 2000 गज सूत कातकर भेजे। गाँधी जी के इस चरखे को लोक ने अत्यन्त श्रद्धा भाव से स्वीकार किया और लोक कवि गा उठा—

देखो टूटे न चरखा को तार, चरखवा चालू रहै।
गाँधी महात्मा दूल्हा बने हैं, दुलहिन बनी सरकार,
सब रे वालण्टियर बने बराती, नउवा बनो थानेदार।
गाँधी महात्मा नेग खों मचले, दायेजे में माँगैं सुराज,
ठाँड़ी गवरमेण्ट बिनती सुनावै, जीजा गौने में देबै सुराज।[12]

यही गीत थोड़े-मोड़े हेर-फेर के साथ कई प्रारूपों में मिलता है। एक जगह यह इस प्रकार है :

मेरे चरखे का टूटे न तार, चरखवा चालू रहै।
गाँधी महात्मा दूल्हा बने हैं, दुलहिन बनी है सरकार,
सारे कांग्रेसी बने हैं बराती, पुलिस बनी है कहार
नेहरू जवाहर बने हैं नेगारे नउवा बनो थानेदार।
लार्ड लिनलिथगो दौर-दौर मनावै, जीजा गौने में देहै सुराज।
चरखवा चालू रहे[13]

गाँधी जी ने अपने चरखे से स्वदेशी आन्दोलन को एक नया आधार प्रदान किया। पूरे भारत में लोग चरखे से सहर्ष जुड़ने लगे। कांग्रेस का सदस्य बनने के लिए चरखे पर सूत कातना पहले ही अनिवार्य किया जा चुका था। धीरे-धीरे चरखा स्वतन्त्रता का अभिप्राय बन गया। सभी स्त्री-पुरुष स्वयं चरखे पर सूत कातने के साथ-साथ दूसरों को भी चरखा चलाने के लिए प्रेरित करने लगे।

चरखा कातौ मेरी भैना प्रेम से जी
ए जी कोई जल्दी से होय सुधार
बढ़िया बढ़िया कातो मेरी भैना सूत खों जी
ए जी कोई पहने सब परिवार
माल विदेशी भैना मेरी त्याग दो जी
ऐसी कोई देसी खौं करो प्रचार
भारत माँ को चरखा लाड़लो जी,
ए जी जासे भयो हरिजन उद्धार[14]

उपर्युक्त लोक-गीत में चरखा चलाने के साथ-साथ विदेशी वस्तुओं के बहिष्कार और फिर हरिजन उद्धार की बात भी की गयी है जो अत्यन्त महत्त्वपूर्ण है। गाँधी जी समाज के सभी वर्गों खासतौर पर सवर्ण तबके को श्रम की महत्ता से परिचित कराना चाहते थे। और उनके इस उद्देश्य में चरखा एक महत्त्वपूर्ण कारक साबित हो सकता था और कुछ हद तक यह हुआ भी। ध्यातव्य है कि भारतीय परिवेश में यहाँ का सवर्ण तबका श्रम को हेय दृष्टि से देखता था और श्रम करने से बचता था। गाँधी जी ने चरखे के माध्यम से इस वर्ग को श्रम के साथ जोड़कर भारत को आर्थिक दृष्टि से आत्मनिर्भर बनाने का एक महत्त्वपूर्ण प्रयास किया। श्रम से इस वर्ग को जोड़ने का एक लाभ यह

भी हो सकता था कि इस वर्ग में कामकाजी जातियों के प्रति एक स्नेह का भाव जागृत होता जिससे समाज को जोड़ने में सहायता मिलती। साथ ही समाज के अत्यन्त निम्न श्रेणी में आनेवाले वर्ग के उद्धार करने में अपेक्षाकृत आसानी होती जो पहले के रूढ़िवादी एवं संकीर्ण वातावरण में एक दुष्कर कार्य साबित होता। ध्यातव्य है कि समाज का यह सवर्ण तबका अपना सामाजिक विशेषाधिकार बनाये रखने हेतु भी निरन्तर सन्नद्ध था और नयी परिस्थिति में कांग्रेस के माध्यम से वह यह कार्य सहजता से कर सकता था और अपनी उच्च सामाजिक स्थिति को भी बरकरार रखने का कार्य कर सकता था भले ही इसके लिए उसे सूत कातने जैसा कार्य जो कि कांग्रेस सदस्यता के लिए गाँधी जी की जिद पर एक तरह से अनिवार्य कर दिया गया था। हालाँकि कांग्रेस को अपने इस अभियान में आशातीत सफलता नहीं मिली फिर भी इसका महत्त्व इस बात में है कि इसका सन्देश समाज में किसी-न-किसी रूप में सकारात्मक रूप में ही दिखायी पड़ा। एक भोजपुरी लोक-गीत इसका वर्णन बड़े सुन्दर अन्दाज में कुछ इस तरह करता है कि चरखा चलाने से बुरी आदतें छूट जाती हैं और देशभक्ति की भावना भी जागृत हो जाती है :

काहें नइखीं बहिना से चरखा चलवावत
छूट जइते बनिया-कुबनिया आहो लाला
पलक उठाइ जब देस ओर तकतीं
छूट जइते बनिया-कुबनिया आहो लाला[15]

भोजपुरी समाज गाँधी जी के चरखे से भला कैसे अलग रह सकता था। भोजपुरी लोक-गीतों में चरखे का बढ़-चढ़कर उल्लेख इसका प्रत्यक्ष प्रमाण है। मसलन एक भोजपुरी लोक-गीत में कहा गया है कि गाँधी का चरखा बड़ा प्यारा है। जब यह चरखा चलता है तो मन को बड़ा ही आनन्द मिलता है, प्रेरणा मिलती है। जब हमेशा चरखा चलेगा तो धोती कुर्ता और लहँगा-साड़ी सभी चीजें मिलेंगी। सारे फैशन उठ जायेंगे। यह काली रात और सारे दुःख दूर हो जायेंगे। गाँधी जी का चरखा बड़ा ही प्यारा है :

जब चरखा चले, तब करघा मिले
कुरता धोती मिले, लहँगा साड़ी मिले
जब चरखा चले, नया फैशन उठे।

सारी रात कटे, सारा दुःख हटे, गाँधी का
गाँधी का चरखवा है जी प्यारा, गाँधी का।[16]

लोक चरखे के महत्त्व को समझ रहा था। चरखा आर्थिक स्वावलम्बन से जुड़ा हुआ है इसे समझते हुए जनता भी कहने लगी कि गाँधी कहना मानो, विदेशी कपड़ों को शरीर पर से उतार फेंको। सभी दुःख दूर हो जायेंगे।

मानऽऽ गाँधी के बचनवा दुखवा हो जइहें सपनवा
तन से उतार कपड़ा विदेसी, खद्दर के कइ ल धरनवा।

गाँधी के वचन को मानने से सारे दुःख समाप्त हो जायेंगे। इसलिए अपने शरीर से विदेशी कपड़े को उतारकर खद्दर को धारण करो क्योंकि गाँधी जी का यही कहना है। गाँधी ने यह तरकीब अंग्रेजों से ही सीखी कि अपने देश में ही बनायी चीजों का उपयोग करना चाहिए तभी हम सशक्त हो सकते हैं। अगर हम अपना मोटिया जीन ही नहीं पहने तो यह देश ही बेदीन हो जायेगा। एक अवधी लोक-गीत में तो विदेशी चीजों के बहिष्कार के बारे में बताते हुए उन चीजों की सूची दी गयी है जिसका त्याग करना है :

विदेशी करो बहिष्कार इ होरी माँ।
मलमल डारौ, मखमल डारौ, लंकासायर का लट्ठा इ होरी माँ।
मेनचेस्टर की तंजेब होय धुआँधार इ होरी माँ।विदेशी.।।
गाँधी महातमा चरखा चलवाइन
खद्दर से कर लो पियार इ होरी माँ। विदेशी.।।

आजादी का डंका आलम में बजवा दिया गाँधी बाबा ने।
एक मोहन जेल माँ जनमे थे, इ मोहन जेल माँ रहति हैं।
उ मोहन गाय चरउते थे इ मोहन बकरी राखति अहैं।[17]

उपर्युक्त लोक-गीत में मलमल, मखमल के साथ-साथ इंग्लैण्ड के मैनचेस्टर का उल्लेख किया गया है जहाँ की कपड़ा मिलों में तैयार कपड़े से भारतीय बाजार को अंग्रजों द्वारा पाट दिया गया था। अब लोक ने उस ब्रिटिश

तन्त्र पर सीधा हमला करने का निर्णय लिया था जो दरअसल उसकी मजबूती थी। यही नहीं लोक ने गाँधी को जिनके असल नाम में मोहन जुड़ा हुआ था, उस संस्कृति-पुरुष कृष्ण से जोड़ा है जो पुरातन समय में लोक के पशु गाय से अभिन्न रूप से जुड़े हुए थे। ध्यातव्य है कि आधुनिक मोहन बकरी से जुड़ा है जो इस समय के निम्नवर्गीय जन की प्रमुख पालतू पशु है और जो बहुतों की आजीविका का एक प्रमुख आधार भी है। यह अनायास नहीं है कि गाँधी जी ने जनता की नब्ज को पहचानते हुए उन प्रतीकों को मानने से कोई गुरेज नहीं किया जिससे आम जन गहरे से जुड़ा हुआ था और जिसके नाम पर समाज का उच्च तबका आज भी मुँह बिचकाने से कभी नहीं चूकता था। गाँधी को मालूम था कि असली भारत इस दलित-दमित जन का ही भारत है, न कि उस आभिजात्य वर्ग का, जो हकीकत और दुःख से प्रायः दूर ही रहता आया था और जिसकी आम जन में छवि अच्छी नहीं थी। और स्वतन्त्रता-प्राप्ति के जन अभियान में इस वर्ग का समर्थन प्राप्त कर ही इस आन्दोलन का दायरा विस्तृत कर इसे और मजबूती प्रदान किया जा सकता है, इस बात को गाँधी ने शिद्दत से महसूस कर लिया था। इसी क्रम में गाँधी जी ने हरिजनों के मन्दिर प्रवेश की समस्या में हस्तक्षेप किया। हिन्दू समाज में सहस्राब्दियों से छुआछूत और अस्पृश्यता की कुरीति चली आ रही थी जिसमें अत्यन्त निम्न वर्ग जो संख्या में अच्छा खासा था को हिन्दू समाज का होते हुए भी उससे अछूत का पशुवत् व्यवहार किया जाता था। इससे यह वर्ग अपने-आपको बिलकुल अलग और हीन महसूस करता था। गाँधी जी के हरिजनों के मन्दिर प्रवेश जैसी महत्त्वपूर्ण घटना को लोक ने रेखांकित किया। जैसा कि एक मलयाली लोक कवि कहता है :

मन्दिरों के द्वार तुम्हारी आज्ञा से
खोल दिये गये, गाँधी ऋषि!
अब ये द्वार सदैव खुले रहेंगे।[18]

हिन्दू समाज में व्याप्त कलुषित जाति प्रथा को तोड़ने के लिए उपक्रम चलाकर गाँधी जी ने पूरे देश को एक सूत्र में बाँधने का प्रयास किया। और पूरा भारत एक शक्ति के रूप में जब जग उठा तब अंग्रेजों को उसे रोक पाना या किसी भी तरह दबा पाना सम्भव न हो सका। अंग्रेजों को बाहर का रास्ता देखना ही पड़ा।

जात-पाँत तोड़कर देसी बना दव
डरखों भगाइ सरकारी
कर-कर सत्याग्रह लड़ी रे लड़ाई
राजपाट छीनो दे तारी।
गाँधी को मानौ औतार
जे है सत्य अहिंसा के पुजारी।[19]

गाँधी जी इस बात को बखूबी समझते थे कि अंग्रेजों के लाव-लश्कर का मुकाबला गोली या बम से नहीं किया जा सकता। इनसे लड़ने के लिए भारतवासियों के पास ऐसा हथियार होना चाहिए जिसका जवाब इनके पास न हो। और गाँधी जी के विचार में यह हथियार 'सत्याग्रह' ही हो सकता था। सत्याग्रह के मनोबल से लैस गाँधी जी की सेना अन्ततः अंग्रेजों की भारी-भरकम सेना के ऊपर भारी पड़ी। एक लोक-गीत में इसे अभिव्यक्त करते हुए कहा गया है :

वारे का बूढ़े बना दये सिपइया
औरत संग मरद सजाये देसी गाँधी ने
तोपें चलीं न लागी बन्दूकें
सत्याग्रह से जीती लड़ाई गाँधी ने।[20]

आम तौर पर मानव-जीवन में सिद्धान्त और व्यवहार में जमीन-आसमान का फर्क होता है। जहाँ भी यह दूरी होती है वह किसी भी मामले में बहुत कारगर साबित नहीं होता। लेकिन लोक तो उसी से अपने को समीकृत कर पाता है जिसमें वह खुद का प्रतिबिम्ब देखता है। बिना लोक को अपनाये लोक के मन को जीता नहीं जा सकता। और लोक को जीतने के लिए लोक के रहन-सहन, लोक की संस्कृति को अपनाना पड़ता है। गाँधी जी भारत की गरीबी से भलीभाँति अवगत थे। उन्हें यह पता था कि यहाँ की अधिकतर आबादी को पहनने के लिए कपड़ा और खाने के लिए भोजन नहीं मिल पाता। गाँधी जी ने अन्ततः लोक का वस्त्र अपनाया और लँगोटी धारण की जो जीवनपर्यन्त उनका पहनावा बनी रही। लँगोटी पहने गाँधी जी का आत्मबल ऐसा था जिसके सामने अंग्रेजों की बड़ी-बड़ी तोपें झुक गयीं।

बापू भले हते बलधारी, जिनको जानत दुनिया सारी
परस्वारथ के लाने जिनने, छोड़े महल अटारी
देस विदेसन लगा लँगोटी, घूमें खादी धारी
बिन हथयारन लड़ी लड़ाई, कर गये देस सुखारी[21]

अंग्रेजों की गुलामी से छुटकारा पाना कोई आसान बात नहीं है। इस तथ्य को लोक अच्छी तरह समझ रहा था। मानव के जीवन में शादी एक महत्त्वपूर्ण संस्कार है जिसके बिना मानव-जीवन अधूरा समझा जाता है और वह किसी भी ऋण से मुक्ति प्राप्त नहीं कर सकता। शादी के बाद घर-परिवार बसता है लेकिन साथ ही जीवन की कठिनाइयाँ भी बढ़ती हैं। आजादी की दुल्हन कुछ इसी अन्दाज की दुल्हन थी जिसके लिए भारतवासियों को अपना सब-कुछ न्यौछावर करने के लिए तैयार रहना था। भोजपुरी लोक ने अपने स्वभाव, संस्कार के अनुरूप आजादी को दुल्हन बनाया और जिसके नेतृत्व में यह आन्दोलन चल रहा था उसको दूल्हा बनाया। नेहरू जी सहबाला बने थे। और गाँधी जी के साथ समस्त भारतवासी बारात लेकर लन्दन जा रहे थे जहाँ से उसे दुल्हन को लेकर आना था। गाँधी जी अंग्रेजी सरकार से बातचीत के लिए द्वितीय गोलमेज सम्मेलन हेतु जब लन्दन जा रहे थे सम्भवतः उस घटना की अभिव्यक्ति लोक ने अपने तरीके से गीत में इस प्रकार की :

बान्हि के खद्दर के पगरिया, गाँधी ससुररिया चलले ना।
गाँधी बाबा दुलहा बनले, नेहरू बनले सहबलिया,
भारतवासी बनले बाराती, लन्दन के नगरिया ना।
गाँधी ससुररिया चलले ना।[22]

गाँधी से जुड़े हुए लोक-गीत धीरे-धीरे विवाह गीतों में शामिल होने लगे। यह गाँधी की वह व्याप्ति थी जिसमें वे एक महात्मा के तौर पर उभरकर सामने आते हैं। यह गाँधी का ही प्रभाव था कि खादी केवल वस्त्र मात्र न रहकर एक समूचा आन्दोलन बन गयी जिसके लिए यह मुहावरा ही बन गया कि खादी वस्त्र नहीं विचार है।

एक लोक-गीत में स्त्रियाँ युवक के विवाह के अवसर पर बन्ना गाती हैं :

गाँधी जी महराज महात्मा मेरा बनरा लिया
मोह लिया भरमाय लिया खादी पहना सजवाइ लिया
पुलिस कचेरी डण्डो गोली का डर सबई भगाइ दिया
जेल भिजा कैदी बनवाया देश का पाठ पढ़ाइ दिया[23]

यह गाँधी का प्रभाव था जिसने भारतीय जनता के मन से पुलिस-कचहरी सबका डर दूर कर दिया। अब लोगों के लिए जेल जाना तीर्थयात्रा पर जाने के समान था। अब कैदी बनना शर्म की बात नहीं अपितु सम्मान की बात थी। क्योंकि देश के लिए मर मिटना कोई मामूली बात नहीं। भारतीय परिवेश में शादी-ब्याह में हास-परिहास की परम्परा चलती रहती है। हर पक्ष अपने को बेहतर साबित करने की कोशिश करता है। वधू पक्ष भला कैसे पीछे रहता। आखिर वह भी तो अपने आदर्श गाँधी से प्रभावित है। वधू पक्ष की स्त्रियाँ अपने गीत में गाँधी जी की बातों का अनुसरण करने की शिक्षा देते हुए गाती हैं :

हुकुम गाँधी का निबाओ प्यारी बन्नी
मेरी बन्नी पहने सुदेशी साड़ियाँ
बिदेशी को वापिस करो प्यारी बन्नी
ले लो तिरंगा झण्डा हाथ सुराजी बन्नी
खादी पियारी सब जात सुदेशी बन्नी
चरखा चलाओ दिन-रात सुराजी बन्नी

यह देशभक्ति का जुनून था जिसमें इस समय नवब्याहताओं को भी सुराजी बन्नी बनने का निर्देश दिया जाता था। इसके लिए सुख का परित्याग कर अपने स्तर से स्वाधीनता आन्दोलन में सहयोग देने के लिए उसे चरखा चलाने, तिरंगा फहराने, विदेशी का त्याग करने के लिए कहा गया है। नवब्याहताएँ इस सलाह को बिना किसी हिचक के सहर्ष स्वीकार करतीं एवं हमेशा अपना योगदान देने के लिए उद्यत रहती थीं। गाँधी की यही ताकत थी जो बिना प्रचार-प्रसार का कोई प्रयत्न किये ही जन-जन तक प्रचारित-प्रसारित हो गयी थी। उस समय जब कांग्रेस भारतीय स्वाधीनता आन्दोलन की प्रतीक बन गयी थी और जन-जन में उसकी व्याप्ति हो गयी थी तब लोगों की ताकत का ही बल था कि 1942 में जब गाँधी जी आनेवाले संघर्ष के बारे में लगातार चर्चा करते चले

आ रहे थे और अब देर करना उन्हें गलत लगने लगा था तो उन्होंने कांग्रेस को यह चुनौती देते हुए बड़े विश्वासपूर्वक कह डाला था कि मैं देश की बालू से ही कांग्रेस से भी बड़ा आन्दोलन खड़ा कर दूँगा। नतीजतन कांग्रेस कार्यसमिति ने वर्धा की अपनी 14 जुलाई, 1942 की बैठक में उनके संघर्ष के निर्णय को अपनी स्वीकृति दे दी।[24] यह गाँधी जी की कोई दम्भोक्ति नहीं थी अपितु उनके इस वक्तव्य में जनता के बल का ही विश्वास था। गाँधी जी के प्रति जन विश्वास ऐसा था कि लोग रास्ता चलते गाँधी जी का गुणगान करने लगे थे। एक चना बेचनेवाला अपने चने को यह गाते हुए लोगों के बीच बेचता था :

चना जोर गरम बाबू मैं लाया मजेदार चना जोर गरम
चने को गाँधी जी ने खाया
जा के डण्डी नमक बनाया
सत्याग्रह संग्राम चलाया, चना जोर गरम
तुम भी चना चबेना खाओ, खा के गाँधी जी बन जाओ
अंग्रेजों को मार भगाओ, चना जोर गरम

गाँधी जी ने अपने व्यक्तिगत सुख-दुःख भूलकर खुद को पूरी तरह भारत की आजादी के लिए समर्पित कर दिया था। उनके बारे में यह कहावत ही प्रचलित हो गयी थी कि उनका एक पैर जेल में दूसरा लोगों के बीच में रहा करता था। गाँधी जी इन तकलीफों से तनिक भी विचलित नहीं होते थे बल्कि उन्हें इनसे और भी बल मिलता था और वे पूरे जोशो-खरोश से अगले आन्दोलन की योजना बनाने में जुट जाते थे। गाँधी जी के तकलीफ की व्यंजना इस गीत में अपनी पूरी गहनता के साथ दिखायी पड़ती है :

सोने के थारी में जेवना परोसलो
जेवना ना जेव करमचन के दुलरुआ कहाँ हो गइले ना
देखुई जेहलिया भीतरिया करत रहले ना,
देसवा उपकरवा करत रहले ना,
दुनिया यार के सुरजवा माँगत रहले ना।[25]

उपर्युक्त लोक-गीत एक विशेष सन्दर्भ को हमारे सामने रखता है जिसमें भारतीय स्वाधीनता संग्राम का आयाम विस्तृत होता जा रहा था।

भारतीय स्वाधीनता संग्राम न केवल भारत अपितु विश्व की पराधीन जातियों और देशों के स्वाधीनता आन्दोलन का प्रतीक बन गया। अंग्रेजों ने आन्दोलन को जितना भी दबाने की कोशिश की वह उतना ही और बढ़ता चला गया। अब सारे संसार की नजरें भारतीय स्वाधीनता आन्दोलन और गाँधी जी पर टिक गयीं। अभी तक भारतीय भी जो डोमिनियन स्टेटस की माँग कर रहे थे अब सीधे तौर पर स्वराज्य की माँग करने लगे। 31 दिसम्बर, 1929 ई. की अर्द्धरात्रि को कराची में रावी नदी के तट पर पूर्ण स्वतन्त्रता का लक्ष्य घोषित किया गया। इसी क्रम में 26 जनवरी, 1930 ई. को सम्पूर्ण भारत में पहला स्वाधीनता दिवस मनाया गया। इसी दिन देश भर में विशाल प्रदर्शन किये गये जिसमें पूर्ण स्वतन्त्रता के लिए संघर्ष करने की शपथ ली गयी।[26] तिलक ने 1916 ई. में 'स्वतन्त्रता मेरा जन्मसिद्ध अधिकार है और मैं इसे लेकर रहूँगा' का जो उद्घोष किया था अब वह सम्पूर्ण भारतीयों का एकमात्र नारा और उद्देश्य बन गया। यह कराची प्रस्ताव वास्तव में कांग्रेस की मूलभूत राजनीतिक और आर्थिक नीतियों का दस्तावेज था जो बाद के वर्षों में भी बरकरार रहा।[27]

1942 ई. का भारत छोड़ो आन्दोलन भारतीय स्वाधीनता आन्दोलन का वह चरम बिन्दु था जिसने देश को स्वतन्त्रता के बिलकुल निकट ला खड़ा किया। भोजपुरी क्षेत्र ने इस आन्दोलन में बढ़-चढ़कर भाग लिया। श्रीधर मिश्र के अनुसार इस समय इस क्षेत्र में यह गीत जन-जन की जुबान पर था :

चलो भाई चलें जेलखाने को
भारत माता की लज्जा बचाने को[28]

लोग खाना-पीना, सुख-आराम सब छोड़कर अंग्रेजी सत्ता से जोशो-खरोश से लड़ने लगे। जगह-जगह पर स्टेशन, रेलवे लाइन, पोस्ट आफिस, थाने और पुलिस चौकियाँ तोड़ी जाने लगीं। अंग्रेजी सत्ता के जो भी प्रतीक थे वे भारतीयों के हमले के शिकार बनने लगे। यातायात एवं संचार साधनों के नष्ट होने से अंग्रेजी सत्ता पूरी तरह पंगु हो गयी। इस भावना की अभिव्यक्ति इस गीत में दिखायी पड़ती है :

जेवना ना जेवे कंगरेसी, कंगरेसी बलमा,
बिचवा में ठनले बा लड़इया, कंगरेसी बलमा।

आरे के लइन तोड़ले पटना के टेलीफोन,
बिचवा में ठनले बा लड़इया अँगरेज दुश्मनवा।[29]

इस आन्दोलन में सरकारी और पुलिस अधिकारियों तथा पुलिस के मुखबिरों पर भी कहीं-कहीं हमले हुए। यह सच है कि संचार साधनों को नष्ट करने में आन्दोलनकारियों को सीमित सफलता ही मिली होगी, पर ऐसे वक्त में जब सरकार बर्बर दमन पर उतारू थी और खुलेआम राजनीतिक गतिविधियों को असम्भव बना दिया गया था, इन कार्रवाइयों से जनता का मनोबल बरकरार रखा गया।[30] 1942 के आन्दोलन में ही पहली बार देश के कुछ हिस्सों में समानान्तर सरकारों की स्थापना की गयी। पहली ऐसी सरकार संयुक्त प्रान्त के बलिया जिले में बनी जिसका नेतृत्व गाँधीवादी नेता चित्तू पाण्डेय ने किया। आगे चलकर बंगाल का मिदनापुर और महाराष्ट्र का सतारा भी समानान्तर सरकारों का केन्द्र बना। पूर्वी उत्तर प्रदेश में आजमगढ़, बलिया और गोरखपुर तथा बिहार में गया, भागलपुर, सारन, पूर्णिया, शाहाबाद, मुजफ्फरपुर और चम्पारन स्वतःस्फूर्त आन्दोलन के केन्द्र बन गये। देश भर के किसान चाहे वे अमीर हों या गरीब, इस आन्दोलन की जान थे। पूर्वी उत्तर प्रदेश, बिहार, बंगाल के मिदनापुर और महाराष्ट्र के सतारा में उन्होंने विशेष सक्रियता दिखायी। किसानों ने मुख्य रूप से अपनी गतिविधियों का निशाना ब्रिटिश सत्ता के प्रतीकों को ही बनाया जो इस आन्दोलन की एक प्रमुख विशेषता थी।[31] पूरे विश्वास से भरी हुई जनता ने अंग्रेजों को यह खुली चेतावनी दे डाली कि हमारा गाँधी अपराजेय है। हे फ़िरंगी! अब तुम चाहें जितना उपाय कर लो, गाँधी जी से लड़ाई नहीं जीत सकते। तुमने इस देश में काफी मजे उड़ाये। अब तुम्हारी कोठियाँ बिक जायेंगी। और तुमको हमारा देश अन्ततः छोड़ना और आजाद करना ही होगा

गाँधी के लड़इया नाहीं जितबे फिरंगिया,
चाहे करू केतनो उपाइ।
भल-भल मजवा उड़वले एहि देसवा में,
अब जइहें कोठिया बिकाइ।[32]

जहाँ एक ओर भारतीय स्वाधीनता आन्दोलन अपने चरम पर पहुँच चुका था वहीं दूसरी ओर विभाजन की तस्वीर भी लगभग साफ हो गयी थी। बाँटो

और राज करो की अंग्रेजी नीति पूरी तरह परवान चढ़ चुकी थी और साम्प्रदायिक प्रवृत्तियाँ इतनी मुखर हो चुकी थीं कि अब बँटवारे को रोक पाना किसी के बस की बात नहीं रह गयी थी। एक भोजपुरी लोक-गीत में इस भावना की अभिव्यक्ति इस रूप में मिलती है :

योरप से अइले रामा गोरे अँगरेजवा,
दूनो भइयन में झगरा लगाइ गइले ना।
एने ओने कादो कादो बोलि बतिया के रामा,
हमरा देसवा के माटी में मिलाइ गइले ना।[33]

विभाजन से सर्वाधिक क्षुब्ध जनता थी। वह जनता जो 1857 से कन्धे-से-कन्धा मिलाकर लगातार संघर्ष कर रही थी, आज विभाजन से खुद को ठगा हुआ पा रही थी। जाते-जाते अंग्रेजों ने विभाजन के रूप में भारतीयों में आपस में ही वह झगड़ा लगाया जो अन्तहीन साबित हुआ। आजादी से लेकर आज तक भारत पाकिस्तान के बीच हुए तीन युद्ध इस तथ्य के गवाह हैं। जनता इस घटना पर चुप नहीं बैठती बल्कि वह अंग्रेजों को कोसती है—'ऐ अंग्रेजो! तुमने भारत को मिट्टी में मिला दिया और तुम्हें इंग्लैण्ड जाना ही पड़ा। इससे तुम्हें क्या मिला। पहले तुमने देश को नष्ट-भ्रष्ट किया, असंख्य वीरों की गर्दनें कटवायीं, विभाजन कराया और बाद में तुमने आजादी दी। इस सबसे तुम्हें क्या मिला।'

ब्रिटिस का तूं पवल, भारत के माटी में मिलाइ के,
अपने लन्दन जाइ के ना।
पहिले कइल बरबादी, पीछे दीहल आजादी,
बाकि बीर लो के गरदन कटवाइ के।[34]

एक लम्बी लड़ाई के बाद 15 अगस्त, 1947 ई. को भारत अंग्रेजों की दासता से मुक्त हुआ। लोगों का वह सपना साकार हुआ जिसे वे बहुत दिनों से देखते आ रहे थे। जनता ने गाँधी जी की सहमति से पं. जवाहरलाल नेहरू को देश का प्रथम प्रधानमन्त्री चुना। जनता खुश है कि स्वयं अंग्रजों ने अपने हाथों भारतीयों को जयमाला पहनायी। अब एक भारतीय नेहरू ही इस देश के मालिक हैं। इसकी अभिव्यक्ति लोक में इस प्रकार मिलती है :

भारत के मालिक भइले नेहरू जी लाल हो,
नेहरू जी मालिक भइले देश देश के पाती अइले
खासे पहिरवले ब्रिटिश, जय हिन्द जयमाल हो,
भारत के मालिक भइले नेहरू जी लाल हो,[35]

आजादी प्राप्त करने में गाँधी-नेहरू का योगदान निश्चित रूप से अविस्मरणीय रहा है। लोक इन दोनों विभूतियों के प्रयत्नों को पहचानते हुए कह उठता है कि जहाँ गाँधी जी ने परतन्त्रता की अँधेरी रात काटी वहीं नेहरू ने आजादी का सुनहला सबेरा लाया।

अब सारो पलट गयो राज देस में आजादी आयी बहना
मिट गयी कारी रात सबेरो हँसत दिखा रओ बहना
नेहरू सबेरो लायो मोरी बहना, गाँधी ने मेटी रात
देस में आजादी आयी बहना[36]

भारत राष्ट्र के प्रतीक लाल किले पर तिरंगा झण्डा फहराया गया। जवाहरलाल नेहरू ने स्वतन्त्र भारत के अभ्युदय को रेखांकित करते हुए कहा—'अर्द्ध रात्रि में बारह का घण्टा बजते ही, जब दुनिया सोयी होगी, भारत जगेगा और रोशनी और आजादी हासिल करेगा। उनके इस कवित्वपूर्ण शब्दों ने कि 'बरसों पहले हमने नियति के साथ एक करार किया था' लोगों को याद दिलाया कि उनकी किंकर्त्तव्यविमूढ़ता ही एकमात्र सत्य नहीं है, उससे भी बड़ा सत्य है वह गौरवपूर्ण संघर्ष जो जद्दोजहद से भरा था, जिसके दौरान बहुत-से लोग शहीद हुए और असंख्य लोगों ने कुर्बानियाँ दीं, उस दिन का स्वप्न देखते हुए, जब भारत आजाद होगा, वह दिन आ गया है।[37] सारा भारत आजादी की खुशी से झूम उठा। देश की जनता की खुशी का ठिकाना न रहा। भारत के घर-घर में खुशी का गीत सुनायी पड़ने लगा।

झण्डा तीन रंग के भारत में फहरात बा,
देखे में सुहात बा ना।
बम्बई दिल्ली औ कलकत्ता,
सगरे फहरात बा पताका,

घर-घर में गीत खुशी के
भारत में सुनात बा, देखे में सुहात बा ना।[38]

आजादी तो मिल गयी लेकिन भारत का लोक अपने विभाजन से बहुत आहत था। उसके मन में कुछ सवाल थे जिन्हें लेकर वह लगातार चिन्तित था। अब वह अपने जवाहर भइया के प्रति हमदर्दी जाहिर करती है कि आपने देश का शासन कैसे वक्त में सँभाला। एक तो अंग्रेज हमारे शत्रु हैं और दूसरे मिस्टर जिन्ना, जो मुस्लिम लीग के सरदार हैं। भाई-भाई, हित-मित्र और प्रत्येक घर में लड़ाई है। आखिर भारत की भलाई किस भाँति होगी।

कवना सइतिया पर लिहल सासन भार, भइया जवाहर हो।
एक त दुश्मन ललका बानर, दूजे मिस्टर जीना,
लोगिन के सरदार भइया जवाहर हो।
कइसे होई भारत के भलाई भइया जवाहर हो
भाई-भाई, हित-नात में घर-घर होत लड़ाई,
कइसे होई भारत के भलाई, भइया जवाहर हो[39]

अरसे से एक रहा भारत विभाजित होकर दो देशों में बदल गया। दोनो देशों की सभी चीजें मिली-जुली थीं। दोनों की संस्कृति साझा थी। लेकिन मन में अब एक दरार जरूर पैदा हो गयी थी। हिन्दू-मुस्लिम दंगों के कारण आजादी की खुशी का रंग बदरंग-सा हो गया था। और इस त्रासद स्थिति में आजादी को सँभालकर रखना भारतीय नेताओं के लिए एक बड़ी चुनौती थी। ऐसा नहीं था कि भारतीय लोक इस स्थिति से अनजान था बल्कि वह भी परिस्थिति की नजाकत को अच्छी तरह से समझ-बूझ रहा था। एक गीत में अपनी चिन्ता और इस समय की स्थिति का बड़ा ही सुन्दर और मार्मिक रूपक खींचते हुए लोक ने यह अभिव्यक्त किया है—

सिर पर लिहल आजादी के गगरिया,
डगरिया सम्हरि के चलिह ना।
एक कुँअना पर दुइ पनिहारिनि,

एके लागल रसरिया।
एक ओर खींचे हिन्दुस्तानी,
दूसरी ओर पाकिस्तानी,
डगरिया सम्हरि के चलिह ना।[40]

अर्थात् 'भारतवासियों सिर पर आजादीरूपी गागर लिये हो सँभलकर चलना। एक ही कुआँ है, दो पानी भरनेवाले हैं। और एक ही रस्सी है। इसे एक ओर हिन्दुस्तानी तो दूसरी ओर पाकिस्तानी खींच रहे हैं। पानी भरने का बर्तन मिट्टी का है। हो सकता है खींचतान में मिट्टी का वह घड़ा कहीं फूट न जाय।' लोक की यही तो ताकत होती है कि वह तमाम विडम्बनाओं के बीच भी जीवन के सूत्र ढूँढ़ लेता है। मानव-जीवन में विपत्तियाँ और दिक्कतें आती रहती हैं लेकिन वही इस दुनिया में सफल हो पाता है जो धैर्यपूर्वक इन विपरीत परिस्थितियों का सामना करता है। उपर्युक्त लोक-गीत एक बानगी है उस लोक की जो संकट की घड़ी में भी अपना विवेक नहीं खोता और डगर यानी रास्ते को सँभलकर चलने के लिए उत्प्रेरित करता है। और सचेत करता है कि इस भाँति चलो, ऐसा काम करो, ताकि भारत के नाम या हमारी आजादी को दाग न लगे।

देश को आजादी तो मिल गयी लेकिन साम्प्रदायिक हिंसा की चपेट में आकर वह बुरी तरह आहत हो गया था। विभाजन के बावजूद गाँधी जी ने इसे लोगों से हृदय से न स्वीकार करने के और निरस्त करने लिए कहा। इस क्रम में गाँधी जी ने अकेले चलने का फैसला लिया। वे हिंसाग्रस्त नोआखाली के गाँवों में पैदल घूमते रहे, बिहार के मुसलमानों को आश्वस्त करते रहे और कलकत्ता में दंगा रोकने के लिए न केवल लोगों को समझाते रहे बल्कि उपवास की धमकी भी देते रहे। वैसे भी रवीन्द्र बाबू का यह गीत 'जोदि तोर डाक सुने केउ ना आशे तोबे एकला चलो रे' अर्थात् यदि तुम्हारे आह्वान पर कोई नहीं आता, तो अकेले चलो, अरसे से उनका प्रिय गीत था, और इसी गीत का अनुकरण बापू ने किया। कुछ लोगों को गाँधी के प्रयास कभी नहीं सुहाये। हालाँकि गाँधी ने ऐसे तत्त्वों की कभी तनिक भी परवाह नहीं की। ऐसा नहीं था कि गाँधी का विरोध नहीं हुआ, बल्कि गाँधी को प्रबल विरोध झेलने पड़े। यही नहीं गाँधी जी पर जब तब हमले भी होते रहे। भारत की हिन्दूवादी साम्प्रदायिक

ताकतों के निशाने पर गाँधी जी हमेशा रहे। उन्हें यह कतई स्वीकार्य नहीं था कि गाँधी जी भारत में मुस्लिम सम्प्रदाय की सुरक्षा और उनके हित के लिए कार्य करें जबकि गाँधी का तो यह शगल ही था। उनका मानना था कि एक दिन आयेगा जब मुस्लिम भाइयों के दिल की तल्खी मिट जायेगी, उन्हें अपनी गलती का अहसास होगा और खण्डित भारत पुनः एक हो जायेगा। कुछ आशावादियों का यह मानना था कि जब साम्प्रदायिक उन्माद थमेगा और समझदारी लौटेगी, तो भारत-पाकिस्तान एक हो जायेंगे। गाँधी जी अक्सर यह कहा करते थे कि यदि लोगों ने विभाजन को हृदय से स्वीकार नहीं किया तो पाकिस्तान ज्यादा दिनों तक नहीं टिक पायेगा। जवाहरलाल नेहरू ने करियप्पा से कहा, 'हमें आलोकित पर्वत शिखरों तक पहुँचने के लिए अक्सर अँधेरी घाटियों से गुजरना पड़ता है।'[41] अन्ततः 30 जनवरी, 1948 ई. को वह दिन आ ही गया जो हमारे देश ही नहीं बल्कि इस समूची मानवता के लिए एक दुःखद घड़ी थी। जो महापुरुष जीवन भर अहिंसा की बात करते रहे वही हिंसा के निर्मम शिकार हो गये। इसी दिन नाथूराम गोडसे नामक एक आततायी ने गाँधी जी की गोली मारकर हत्या कर दी। मानवता के इतिहास का एक उज्ज्वल अध्याय समाप्त हो गया। पूरे भारत में शोक की लहर व्याप्त हो गयी। लोक-मानस की आँखों के आँसू सूख गये और आहें होंठो में सिसककर रह गयी। दिन बीते और एक दिन लोक आँसुओं से भीगे हुए स्वर में कराह उठा 'हे गाँधी बाबा! जीवन भर आपका नाम जपूँगा। आपने हमसे बापू जी का नाता जोड़ा था, किन्तु हमें अकेला छोड़कर आप स्वर्ग चले गये। आपके चले जाने से सारा जग अनाथ हो गया है। हे गाँधी बाबा! आपने भारत को स्वतन्त्र किया और स्वयं गोली खाकर मरे। अब देश की नैया मँझधार में पड़ी हुई है। आपने अंग्रेजों का सत्यानाश करके उन्हें इंग्लैण्ड भेज दिया। हे गाँधी बाबा! आपके लिए सारा संसार दुःखी है। आपका नाम जीवन भर जपूँगा।'

जिनगी भर जपब रउरे नाम ए मोरे गाँधी बाबा।
बापू जी का नाता लगाइ के गइलीं सुरधाम, ए मोरे गाँधी बाबा।
सारी दुनिया होइ गइल अनाथ ए मोरे गाँधी बाबा।
भारत आजाद कइलीं, गोली खाइ के मरनी, ए मोरे गाँधी बाबा।
नइया परल बा मँझधार ए मोरे गाँधी बाबा।

ब्रिटिस के नास कइ के भेजलीं इंग्लिस्तान, ए मोरे गाँधी बाबा।
सारी दुनिया होइ गइल बेहाल, ए मोरे गाँधी बाबा।
जिनगी भर भजब रउरे नाम ए मोरे गाँधी बाबा।[42]

गाँधी जी के हत्या की खबर जिसने भी सुनी वह अवाक् रह गया। भैया जवाहर और राजेन्द्र बाबू के साथ सारा संसार रो पड़ा। अब सबके सामने एक ही सवाल था कि अब क्या किया जाय? फिर सबने यह तय किया कि 'हम बापू के बताये मार्ग पर चलकर उनकी याद बनाये रखेंगे और आँसुओं से तर्पण करेंगे।'

भइया जवाहर आ राजेन्द्र के सँगिया,
रोइ उठल सगरो जहनवा, आरे भगवनवा।
बापू के रहिया चलीं, यादि बनवले रहब,
अँसुवन से करब तरपनवा, आरे भगवनवा।[43]

बापू ने अपने प्राण हम सबके लिए दिये तब हमारा भी यह दायित्व बनता है कि हम सँभलकर कदम उठायें और आगे बढ़ें। हम ऐसा कोई भी काम न करें जिससे हमारा ईमान बिगड़े और बापू की आत्मा दुःखी हो।

सम्हरि सम्हरि के पाँव उठइह, बिगरे न इमनवा।
भइया तोहरे कारनि हो, बापू दिहले अल्हर परनवाँ।[44]

बापू अपनी करनी करके अमर हो गये। मरने के बाद उनकी कीर्ति देश-विदेश में दिनोंदिन और फैली जबकि साम्प्रदायिक तत्त्वों के मन्सूबों पर पानी फिर गया। आगे चलकर विश्व बिरादरी में भारत की ख्याति एक धर्मनिरपेक्ष देश के रूप में फैल गयी जहाँ सभी वर्गों और सम्प्रदायों के लोग एक होकर सौहार्दपूर्ण जीवन व्यतीत कर सकें।

करनी मोहन मोहनी हो कथनी कहाँ लो होई
मोहन भये कलिकाल में, इधर गाँधी भये अवतार रे
गाँधी हते सो मर गये, देश बिदेशन नाम
हत्यारों मराठा गोडसे, जीने जीतेउ लै लये प्रान रे।[45]

समूचे देश ने गाँधी जी को अपने अश्रुपूरित नेत्रों से अन्तिम विदाई दी। यही नहीं उन्हें जनता ने राष्ट्रपिता सम्बोधन देकर वह सम्मान दिया जो इस दुनिया में बिरले लोगों को ही नसीब हो पाता है।

गाँधी जी के हो गये नाम, जैसे भये रामकृष्ण के।
गाँधी को दओ सम्मान राष्ट्र ने, राष्ट्रपिता कह के।।[46]

जैसे हमारे संस्कृति-पुरुष राम और कृष्ण जन-जन के हृदय में प्रतिष्ठित हैं वैसे ही गाँधी ने जनमानस के बीच प्रतिष्ठा प्राप्त कर ली है। वह अब हमारे राष्ट्रपिता हैं। मरकर भी हमारे दिलों में अमर हैं। यह लोक अपने किसी समकालीन व्यक्ति, जिसका काम असाधारण होता है, की लोकप्रियता को अपने पूर्व महापुरुषों की प्रतिष्ठा से जोड़ लेता है। सब इन महापुरुषों की पंक्ति में नहीं जोड़े जा सकते लेकिन गाँधी की बेजोड़ प्रतिबद्धता और राष्ट्र के प्रति निष्ठा को देखते हुए उन्हें यूँ ही छोड़ पाना नामुमकिन था। एक छत्तीसगढ़ी लोक-गीत में गाँधी जी को असाधारण इन्सान नहीं अपितु देवता मानते हुए कहा गया है—

देवता बन के आये गाँधी, देवता बन के आये।
अड़बड़ अटपट काम करैं तैं, घर-घर अलख जगाये।
रामकृष्ण औतार ला जानेन, रावण कंस ला मारिन।
एहि देश ला राक्षस मन सो लड़ लड़ दुनो उबारिन।।
चक्र सुदर्शन धनुष बान ला रहिन दुनो जन धारे।
तैंहर सोज्झे मुँह माँ कहि के, अंग्रेजन ला हारे।।
सटका धर के पटकू पहिरे- चर्चिल ला चमकार। गाँधी...
हमर देश के अन्न ला धन ला, जन ला जन्मों लूटिन,
परदेशियन के लड़वाय ले, भाई से भाई छूटिन।
देश ला करि के निचट निहत्था, उल्टा मारिन सेखी।
वोहे गुलामी करत रहेन हम उखरे देखा देखी।।
तै आँधी ला हमर उछारे, जम्मो पोल बताये।। गाँधी...
पंचम जार्ज तोर दर्शन बर, तोला बिलायत बलाइस,
छैरी बोकरी तौर संग मा गोलमेज हो आइस।
राजा के आगू माँ तै फेर बैठे देस के दशा बताये।

आपन जादू के डण्डा फेरे, ओहूला अपन बनाये।
पटुका पहिरे राजा घलों सो, हाथ माँ हाथ मिलाये।। गाँधी...
तोर करनी ला कतेक बतावो- सकती नयी है भारी।
देश-विदेश गाँव-गाँव माँ तोरेच, चरखा जारी।
तैं उपास कर-करके मौनी बनके करे तपस्या।
अंग्रेजी आंगुन ला मेटे, टोरे जमो समस्या।।
साठ बछर ले धरी अहिंसा, पथरा ला पिघलाये।। गाँधी...
पोठ रहिस परिवार तोर बालिस्टर घलो रहैं तैं।
देश के खातिर धन जन छोड़ै विपत में विपत सहैं तैं।
जहल घरो मा डालिन तोरा, अकड़ै उहौं रहै तैं।
ले के छोड़िहों मैं सुराज जा अन के उहो कहै तैं।।
जै-जै कार होय तोर गाँधी- कलजुग माँ कलपाये।। गाँधी...
तौ पन्द्रह सैंतालीस माँ सुराज ला पाये।
देत देत माँ ओहू लाँ बाँटिन एमोलै तै रजियाये।।
कोनो किसिम से लाली मुँह के बेंदरा लाल भगावै।।
जम्मो जात रहिस तेखर लै तैं हर बहुत बचाये।।
एती बनावो जैसन बनहीं, तैं तो अमर कहाये।।
गाँधी देवता बनि के आये।।[47]

उपर्युक्त लोक-गीत में गाँधी जी के कामों की चर्चा करते हुए और उनके महत्त्व को रेखांकित करते हुए उनके देवता के रूप में आने की चर्चा की गयी है। यह अनायास ही नहीं था। चूँकि स्वतन्त्रता संग्राम का नेतृत्व गाँधी जी ने किया था अत: देश की आजादी का श्रेय यह लोक सीधे तौर पर उन्हें ही प्रदान करता है। इसमें दो राय नहीं कि जिस समय पूरी दुनिया अंग्रेजों की शक्ति का लोहा मानती थी ठीक उसी समय गाँधी जी ने अहिंसा एवं सत्याग्रह के हथियारों के द्वारा अंग्रेजों को निरुपाय बना दिया। अपने लगातार प्रयोगों के माध्यम से गाँधी जी जहाँ एक ओर अंग्रेजों को परेशान करते रहे वहीं दूसरी ओर अपने समाज-सुधार कार्यों के द्वारा गाँधी जी ने जन-जन को स्वाधीनता आन्दोलन से

जोड़कर इसे व्यापक परिप्रेक्ष्य प्रदान किया। भारतीय इतिहास में सम्भवतः यह पहला अवसर था जब पूरब से पश्चिम तक और उत्तर से दक्षिण तक पूरा भारत एक होकर पूरी गम्भीरता के साथ साम्राज्यवादी शक्ति का पुरजोर विरोध कर रहा था। सही मायनों में कहें तो पहली बार भारत राष्ट्र की परिकल्पना यथार्थ के धरातल पर साकार हुई थी। इसी तर्ज पर एक लम्बे अरसे बाद भारत को उसका राष्ट्र-पुरुष मिला था। वह राष्ट्र-पुरुष जो हाड़-मांस का होते हुए भी निर्गुण परम्परा का था। वह राष्ट्र-पुरुष जिसके बारे में देश के हर हिस्से में तरह-तरह की कथाएँ- गाथाएँ लोगों ने गढ़ ली थीं। वह राष्ट्र-पुरुष जो अपना होते हुए भी किंवदन्ती बन गया था।

इस बात से किसी भी इतिहासकार को इनकार नहीं हो सकता कि केवल लोक-गीतों से इतिहास की निर्मिति नहीं हो सकती। लेकिन यह बात भी सच है कि लोक-गीतों के अध्ययन के बिना हम यह कत्तई नहीं जान सकते कि इस समय लोक में गाँधी जी की ख्याति किस प्रकार की थी। जनता का इतिहास जिस तरह से इतिहासकारों के लिए लम्बे समय तक उपेक्षा का विषय बना रहा वैसे में इन लोक-गीतों ने ही सही अर्थों में समानान्तर रूप से एक वैकल्पिक इतिहास लेखन का कार्य किया। इन लोक-गीतों ने इतिहास की धारा को बदलने का एक महत्त्वपूर्ण कार्य किया। अब जनता ही इतिहास के मूल में थी। इस जनता के विचारों का अध्ययन कर किसी भी घटना को समग्रता से समझा जा सकता है। गाँधी का जो लोकरूप है वह सही तौर पर इन लोक-गीतों के द्वारा ही उजागर होता है। प्रसिद्ध इतिहासकार आर्थर मारविक का मानना है कि इतिहास काव्योचित भी है, इस अर्थ में प्रायः हर व्यक्ति में अतीत के प्रति जिज्ञासा और आचरण का सहज भाव होता है। जी. एम. ट्रैवेलियन के शब्दों में यह बोध एक चमत्कारिक तथ्य जैसा है कि कभी इस धरती पर अपने चिन्तन पर विचार करते, अपने ही मनोवेगों के शिकार दूसरे नारी-पुरुष थे, इतने ही वास्तविक जितने आज हम हैं और जो अब नहीं रहे। एक पीढ़ी के बाद दूसरी समाप्त होती रहती है, उसी तरह एकदम लुप्त हो जाती है जैसे हम स्वयं कुछ दिनों में लुप्त हो जायेंगे, उसी तरह जैसे सुबह होते ही प्रेत गायब हो जाते हैं।[48] लोक-गीतों की काव्यात्मकता भी एक लम्बे समय से अपने समय के इतिहास को सुरक्षित रखे हुए है। और इन लोक-गीतों में गाँधी भारतीय जन की सशक्त अभिव्यक्ति के रूप में आते हैं। अब इन लोक-गीतों का बारीकी से और

ऐतिहासिक दृष्टि से अध्ययन शुरू हुआ है जिससे नये-नये तथ्य उजागर हो रहे हैं और अपनी सम्पूर्णता में इतिहास आज सामने आ रहा है।

सन्दर्भ

1. निम्नवर्गीय प्रसंग, भाग-1. सम्पा.- शाहिद अमीन और ज्ञानेन्द्र पाण्डेय के शोध आलेख 'गाँधी का माहात्म्य : गोरखपुर, पूर्वी उ. प्र. 1921-1922' में उद्धृत, पायनियर, 23 अप्रैल, 1921, पृ.-1
2. डी. जी. तेन्दुलकर, महात्मा लाइफ ऑफ मोहनदास करमचन्द गाँधी, 3, बम्बई 1952, पृ. 78
3. चौमासा के आलेख 'ऐसो जोगी न देखो' ले- हरीमोहन पुरवार, पृ. 123
4. देवेन्द्र सत्यार्थी- बेला फूले आधी रात, राजहंस प्रकाशन, दिल्ली, 1948, पृ. 404-405
5. देवेन्द्र सत्यार्थी- बेला फूले आधी रात, राजहंस प्रकाशन, दिल्ली, 1948, पृ. 402-403
6. देवेन्द्र सत्यार्थी- बेला फूले आधी रात, राजहंस प्रकाशन, दिल्ली, 1948, पृ. 403-404
7. फैज अहमद फैज- सारे सुखन हमारे, राजकमल प्रकाशन, नयी दिल्ली, 2004, पृ. 165
8. डॉ. भीम सिंह मलिक, हरियाणा लोक साहित्य : सांस्कृतिक सन्दर्भ, पृ. 152
9. चौमासा के आलेख 'लोकगीतों में राष्ट्र', लेखक- डॉ. रामनिवास शर्मा, पृ. 94
10. चौमासा के आलेख 'लोकगीतों में राष्ट्र', लेखक- डॉ. रामनिवास शर्मा, पृ. 94
11. रामलखन शुक्ल - आधुनिक भारत का इतिहास, हिन्दी माध्यम कार्यान्वयन निदेशालय, दिल्ली विश्वविद्यालय, दिल्ली, 1996, पृ. 660-661
12. राष्ट्र गौरव पत्रिका, छतरपुर, मई 1993, सम्पादक- दशरथ जैन
13. चौमासा के आलेख 'ऐसो जोगी न देखो' ले.- हरीमोहन पुरवार, पृ. 125
14. चौमासा के आलेख 'ऐसो जोगी न देखो' ले.- हरीमोहन पुरवार, पृ. 125
15. डॉ. श्रीधर मिश्र : भोजपुरी लोक साहित्य : सांस्कृतिक अध्ययन, हिन्दुस्तानी एकेडमी, इलाहाबाद, 1971, पृ 208
16. डॉ. श्रीधर मिश्र : भोजपुरी लोक साहित्य : सांस्कृतिक अध्ययन, हिन्दुस्तानी एकेडमी, इलाहाबाद, 1971, पृ 207-208
17. सरोजिनी रोहतगी, अवधी का लोक साहित्य, नेशनल पब्लिशिंग हाउस, नयी दिल्ली 1971, पृ. 328

18. देवेन्द्र सत्यार्थी, बेला फूले आधी रात, राजहंस प्रकाशन, दिल्ली, 1948, पृ. 405
19. देवेन्द्र सत्यार्थी, बेला फूले आधी रात, राजहंस प्रकाशन, दिल्ली, 1948, पृ. 405
20. चौमासा के आलेख 'ऐसो जोगी न देखो' लेखक- हरीमोहन पुरवार, पृ. 124
21. चौमासा के आलेख 'ऐसो जोगी न देखो' लेखक- हरीमोहन पुरवार, पृ. 125
22. डॉ. श्रीधर मिश्र- भोजपुरी लोक साहित्य : सांस्कृतिक अध्ययन, हिन्दुस्तानी एकेडमी, इलाहाबाद, 1971, पृ 209
23. चौमासा के आलेख 'ऐसो जोगी न देखो' लेखक- हरीमोहन पुरवार, पृ. 124
24. विपिनचन्द्र एवं अन्य, भारत का स्वतन्त्रता संघर्ष, हिन्दी माध्यम कार्यान्वयन निदेशालय, दिल्ली विश्वविद्यालय, दिल्ली, 1995, पृ. 367
25. श्रीधर मिश्र, भोजपुरी लोक-गीतों के विविध रूप, पृ. 167
26. रामलखन शुक्ल -आधुनिक भारत का इतिहास, हिन्दी माध्यम कार्यान्वयन निदेशालय, दिल्ली विश्वविद्यालय, दिल्ली, 1996, पृ.- 670-671
27. विपिनचन्द्र एवं अन्य, भारत का स्वतन्त्रता संघर्ष, हिन्दी माध्यम कार्यान्वयन निदेशालय, दिल्ली विश्वविद्यालय, दिल्ली, 1995, पृ. 367.
28. डॉ. श्रीधर मिश्र- भोजपुरी लोक साहित्य : सांस्कृतिक अध्ययन, हिन्दुस्तानी एकेडमी, इलाहाबाद, 1971, पृ 210
29. श्रीधर मिश्र, भोजपुरी लोक-गीतों के विविध रूप, पृ. 146
30. विपिनचन्द्र एवं अन्य, भारत का स्वतन्त्रता संघर्ष, हिन्दी माध्यम कार्यान्वयन निदेशालय, दिल्ली विश्वविद्यालय, दिल्ली, 1995, पृ. 370.
31. विपिनचन्द्र एवं अन्य, भारत का स्वतन्त्रता संघर्ष, हिन्दी माध्यम कार्यान्वयन निदेशालय, दिल्ली विश्वविद्यालय, दिल्ली, 1995, पृ. 373.
32. श्रीधर मिश्र, भोजपुरी लोक-गीतों के विविध रूप, पृ. 148
33. श्रीधर मिश्र, भोजपुरी लोक-गीतों के विविध रूप, पृ. 150
34. श्रीधर मिश्र, भोजपुरी लोक-गीतों के विविध रूप, पृ. 152
35. श्रीधर मिश्र, भोजपुरी लोक-गीतों के विविध रूप, पृ. 149
36. चौमासा के आलेख 'ऐसो जोगी न देखो' लेखक- हरीमोहन पुरवार, पृ. 125
37. विपिनचन्द्र एवं अन्य, भारत का स्वतन्त्रता संघर्ष, हिन्दी माध्यम कार्यान्वयन निदेशालय, दिल्ली विश्वविद्यालय, दिल्ली, 1995, पृ. 399.
38. श्रीधर मिश्र, भोजपुरी लोक-गीतों के विविध रूप, पृ. 149
39. श्रीधर मिश्र, भोजपुरी लोक-गीतों के विविध रूप, पृ. 152
40. श्रीधर मिश्र, भोजपुरी लोक-गीतों के विविध रूप, पृ. 152
41. विपिनचन्द्र एवं अन्य, भारत का स्वतन्त्रता संघर्ष, हिन्दी माध्यम कार्यान्वयन निदेशालय, दिल्ली विश्वविद्यालय, दिल्ली, 1995, पृ. 399

42. श्रीधर मिश्र, भोजपुरी लोक-गीतों के विविध रूप, पृ. 152
43. श्रीधर मिश्र, भोजपुरी लोक-गीतों के विविध रूप, पृ. 152
44. श्रीधर मिश्र, भोजपुरी लोक-गीतों के विविध रूप, पृ. 171
45. चौमासा के आलेख 'ऐसो जोगी न देखो' लेखक- हरीमोहन पुरवार, पृ. 125
46. चौमासा के आलेख 'ऐसो जोगी न देखो' लेखक- हरीमोहन पुरवार, पृ. 125
47. पाठक, डॉ. दुर्गा, छत्तीसगढ़ी एवं बुन्देली लोकगीतों का तुलनात्मक अध्ययन, साहित्य संगम, इलाहाबाद, 1994, पृ. 366
48. आर्थर मारविक, इतिहास का स्वरूप, अनु.- लालबहादुर वर्मा, ग्रन्थ शिल्पी, 2009, पृ.14.

6

भोजपुरी लोक-गीतों में प्रतिरोधी स्वर

प्रतिरोध मानव का मूल चरित्र है। दूसरे अर्थों में कहें तो प्रतिरोध ही जीवन का मूल स्वर है। विपरीत-से-विपरीत परिस्थितियों में जब एक बार जीवन का उद्भव हो जाता है तब वह तमाम प्रतिरोधों से जूझते हुए स्वयं को बचने-बचाने का प्रयत्न करता है। जन्म से लेकर मृत्यु तक मनुष्य को अनेकानेक प्रतिरोधों का सामना करना पड़ता है। यही नहीं प्राचीन काल का मानव भी अपने अस्तित्व के लिए लगातार संघर्ष करता रहता था और आज जब हम इक्कीसवीं सदी यानी कम्प्यूटर इण्टरनेट के युग में हैं तब भी अपने जीवन अस्तित्व के लिए संघर्ष कर रहे हैं। हाँ परिस्थितियाँ और हमारे संघर्ष का माध्यम अब जरूर बदल गया है। लेकिन आज भी जब कोई दिक्कत आती है समस्या से जुड़े व्यक्ति को उससे जूझने के लिए अपने को नये सिरे से तैयार करना पड़ता है। मानव के विकास से सम्बन्धित क्रान्तिकारी अवधारणा प्रस्तुत करते हुए महान् वैज्ञानिक डार्विन जब कह रहे थे 'सर्वोत्तम की उत्तरजीविता' तो वस्तुतः वह उसी प्रतिरोधी शक्ति, चेतना और स्वर की बात कर रहे थे जिसका उपयोग कर सम्बन्धित जीव अपने अस्तित्व बनाये रखता है। इतिहास के अर्थों की बात जब आती है तब मुझे लगता है कि मनुष्य के इस प्रतिरोधी चेतना का अध्ययन ही इतिहास के अन्तर्गत किया जाता है। इतिहास की इस परिभाषा से शायद ही किसी को कोई आपत्ति हो।

पृथिवी के इस जीव-जगत् में मनुष्य इसीलिए सर्वश्रेष्ठ प्राणी है क्योंकि उसके पास न केवल एक उन्नत मस्तिष्क है बल्कि संवेदनाओं से भरा हुआ

हृदय भी है जिसमें वह अपने स्वार्थों से ऊपर उठकर मानव जगत् के लिए काम करने हेतु उद्यत हो जाता है। संयोगवश कला के क्षेत्र में मानव की प्रथम अभिव्यक्ति चित्र और कविता ही है। दुनिया का प्राचीनतम साहित्य ऋग्वेद जो शताब्दियों से मौखिक परम्परा में संचित होकर अपनी निरन्तरता में विद्यमान रहा, मूलतः एक काव्यकृति ही है। आज भी विश्व में सर्वाधिक लिखी जानेवाली विधा कविता ही है। वह कविता जो मस्तिष्क से नहीं अपितु हृदय की संवेदनाओं से उपजती है। वह कविता जो हमेशा प्रतिपक्ष में बनी रही। वह कविता जिसने खुलेआम सत्ता का विरोध करते हुए यह कहने का साहस किया 'सन्तन को कहाँ सीकरी सो काम।' वह कविता जो अधिकाधिक लिखी जाने के बावजूद कभी भी बाजारू नहीं बनी बल्कि बाजार का लगातार प्रतिरोध करती रही प्रतिरोध रचती रही। वह कविता जो दूरदराज के किसी दलित-दमित आम जन का स्वर मुखरित करती हुई वैश्विक स्वर बन जाती है। वह कविता जो अन्यायी व्यक्तियों से जूझने के लिए बेधड़क आह्वान करती है 'शक्ति की करो मौलिक कल्पना।'

मानव की यह प्रतिरोधी चेतना ही दरअसल उसे विकसित करती है उसे नित नवीन बनाती है और उसके लिए उम्मीद बँधाती है। तुर्की के मशहूर कवि नाजिम हिकमत लिखते हैं—

सिर्फ इसलिए कि तुमने अपनी उम्मीदें नहीं छोड़ीं
दुनिया की, मुल्क की आदमी की बेहतरी की
इस तरह कुछ भी असम्भव नहीं बिता देना
-यह बात सम्भव है
हाँ शर्त यह है कि छाती की बायीं ओर वह कीमती हीरा है।
वह कीमती हीरा—चमकता रहे।

अपनी इस कविता में नाजिम हिकमत छाती की बायीं ओर जिस कीमती हीरे की बात करते हैं वह दरअसल हृदय ही है जो संवेदनाओं से पूरी तरह भरा होता है और जब तक संवेदना है तब तक कुछ भी मुश्किल नहीं। यह एक कवि-दृष्टि ही है जो कठिन-से-कठिनतर परिस्थितियों में भी बेहतरी की उम्मीद नहीं छोड़ता। और इतिहास लेखन, अध्ययन का मूल ध्येय भी तो

मानव-जगत् के भविष्य को बेहतर बनाना ही है। बहुत-से लोग साहित्य और कला को निरी कल्पना मानकर इसे खारिज करने से गुरेज नहीं करते। लेकिन ऐसी सोचवाले लोग साहित्य और कला को समग्रता की दृष्टि से देख ही नहीं पाते। दरअसल साहित्य और कला मानव-मूल्यों का वह निधान है जो अपना सहज महत्त्व रखता है। तात्कालिक रूप में यह अनुपयोगी लग सकता है लेकिन मानवता के विकास और समृद्धि में इसकी अपनी महत्त्वपूर्ण भूमिका रही है। इसके द्वारा मानव मस्तिष्क ने न केवल कल्पना के अकल्पनीय उड़ान भरे बल्कि यही वह माध्यम था जिसमें यथार्थ का रंग भरकर मनुष्य इतना आगे बढ़ पाया।

मानव को सही मायनों में मानव बनाया संस्कृति ने। जीवन जैसा है उसे अधिक सुन्दर, उदात्त और मंगलमय बनाने की इच्छा आरम्भ से ही मनुष्य में रही है। यही इच्छा जब सामाजिक स्तर पर रूप ले लेती है, तब वह संस्कृति कहलाती है जिसके अन्तर्गत धर्म, नीति, कला, साहित्य, संगीत आदि आते हैं। संस्कृति समाज की मूल जीवनदायिनी शक्ति है, राजनैतिक शक्ति से भी अधिक। भारतीय समाज इसका प्रमाण है। राजनैतिक दासता सदियों रही पर संस्कृति की शक्ति के कारण यह जाति जीवित रही और विकास करती गयी।[1] यह जो धर्म, नीति, कला, साहित्य और संगीत है और जिससे संस्कृति का एक वितान बनता है, दरअसल यह स्वयं में एक प्रतिरोधी चरित्र है। ऐसा प्रतिरोधी चरित्र जो मानव को अमानव होने से बचाने की कोशिशों में लगातार जुटा रहता है और जिसके चलते तमाम अवरोधों के बावजूद हम वह हैं, जो हम आज दिखायी पड़ रहे हैं। स्वामी विवेकानन्द ने एक अवसर पर कहा था 'भारत की आशा का केन्द्र केवल जनता है, उच्चतर वर्ग मानसिक और नैतिक धरातल पर मृतवत् हो गये हैं।' बहुत हद तक यह बात मानव इतिहास के बारे में कही जा सकती है। हमेशा मानव इतिहास को एक नया मोड़ इस आम जन ने ही दिया। सम्पन्न वर्ग चाहे जिस जमाने में रहा हो अपने को येन-केन-प्रकारेण और सम्पन्न बनाने में जुटा रहता था। धन जुटाने की हवस इस सम्पन्न वर्ग को किसी भी स्थिति से समझौता करने के लिए विवश करती थी जबकि आम जन, जिसके पास हमेशा से खोने के लिए कुछ खास नहीं रहा, वही आगे आकर किसी भी क्रान्ति या आन्दोलन को एक नया रूप देता रहा। इस प्रकार लोक का प्रतिरोध से हमेशा से सम्बन्ध चलता चला आया है और यही उसकी मूल शक्ति है। यह

लोक शक्ति का भय ही है जिसके चलते शक्तिशाली-से-शक्तिशाली शासक और तानाशाह भी लोक की उपेक्षा नहीं कर पाये। आधारभूत सुविधाओं से भी हीन इस लोक को ही राष्ट्रों का आधार बताया गया।

भारतीय स्वतन्त्रता आन्दोलन जिसका समय मूलरूप से 1857 ई. से 1947 ई. तक का माना जाता है, की विशेषता यही है कि शुरू से ही इसमें लोक की सशक्त भागीदारी रही। वर्तमान समय में लोक-गीतों के विश्लेषण से यह बात स्पष्ट हो जाती है जिसमें स्वाधीनता आन्दोलन के प्रायः सभी मुख्य घटनाक्रमों को अपनी तरह से रेखांकित करने का प्रयास किया है। ध्यातव्य है कि इन लोक-गीतों को अगर काव्य-सौष्ठव की कसौटी पर रखा जाय तो ये उस पर खरे नहीं उतर पायेंगे। इन गीतों की विशिष्टता सादगी, सरलता एवं स्वाभाविकता है। अपने आस-पास के घटनाक्रम को अभिव्यक्त करने की एक छटपटाहट इन लोक-गीतों में साफ-साफ दिखायी-सुनायी पड़ती है। काव्य-सौष्ठव की जगह इन गीतों में भावना, अनुभूति, कल्पना, यथार्थ एवं लय पर ध्यान दिया गया है जिससे कि ये आम जन के दिलो दिमाग में बस जाये। इन लोक-गीतों में कोई बनावट या किसी तरह की कृत्रिमता नहीं दिखायी पड़ती। इन्हीं अर्थों में ये एक नयी विधा का अहसास कराते हैं जिनमें उस समय या घटना-विशेष का बेतकल्लुफी से जिक्र किया गया है। यह जिक्र काव्यात्मक या लोक काव्य के रूप में है। इसे ठीक-ठीक काव्य न मानते हुए भी लोक काव्य इसीलिए भी कहा जा सकता है क्योंकि लोक ने इसे अपनी स्वीकृति प्रदान की। इतिहासकार जो इस समय प्रायः साम्राज्यवादी, राष्ट्रवादी, उपनिवेशवादी, मार्क्सवादी,. समाजवादी आदि-आदि खेमों में बँटे हुए थे, घटना के इन महत्त्वपूर्ण साक्ष्यों को लगातार उपेक्षित करते चले आ रहे थे। लोक ने अपनी प्रतिरोधी चेतना को जीवन्त बनाये रखने के लिए सहज ही वह माध्यम चुना जो मौखिक परम्परा में आसानी से पीढ़ी-दर-पीढ़ी एक लम्बे समय तक चलता रहा। यहाँ पर हम हजारों वर्ष पहले की अपनी उस ऋग्वेदीय परम्परा को याद कर सकते हैं। जिसने लिपि के अभाव को भी नजरन्दाज करते हुए अपनी बातें पीढ़ी-दर-पीढ़ी एक लम्बे समय तक बनाये रखी और जो आज भी विश्व का बेहतरीन काव्य माना जाता है जिसमें उस समय की ऐतिहासिक घटनाएँ भी यदा-कदा रेखांकित की गयी हैं। यह महाकाव्य साफ तौर पर जाहिर करता है कि लोक अपनी अभिव्यक्ति के लिए किसी का मोहताज नहीं रहता

बल्कि वह अपना तरीका, अपनी विधा, अपना माध्यम, अपने आप ही खोज लेता है।

अंग्रेजी राज के प्रति भारतीय लोक की घृणा, भय एवं आश्चर्य को साफ तौर पर देखा जा सकता है। एक बघेली लोक-गीत में इसकी अभिव्यक्ति इस प्रकार मिलती है:

या अंग्रेजी राजन का देखा हो
तौल, तौल के अन्न का बेचें
और धुआँ ते चलावैं रेल
गलिन-गलिन माँ थाना बनावैं
बीच शहर माँ जेल
इन पंचेन से कैसे जीतबे
कठिन जिन्दगी भई गेल
या अंग्रेजी राजन का देखा[7]

यहाँ के आदिवासियों को आश्चर्य है कि यह अंग्रेजों का राज्य कैसा है? ये तो धुआँ से रेल चलाते हैं। इन लोगों ने गलियों में थाने बना दिये, शहरों में जेल बना दिये। एक ओर आश्चर्य है तो दूसरी ओर अत्यन्त चिन्ता है कि भारत इनसे कैसे जीतेगा। आज तो यही जीवन-मरण का प्रश्न है। यह विचार तथाकथित असभ्य कहे जानेवाले उन आदिवासियों के हैं जो निरक्षर हैं। ये आदिवासी साम्राज्यवादी अंग्रेजों की मन्शा को भलीभाँति जानते और पहचानते हैं। ये अंग्रेजों की गतिविधियों को देखकर ताड़ जाते हैं कि जो भी व्यवस्थाएँ भारत को आधुनिकतम बनाये जाने के नाम पर की जा रही हैं उनके मूल में भारत का शोषण कर अपने को समृद्ध और अपने शिकंजे को और मजबूत करना है।

राष्ट्रीय, क्षेत्रीय अथवा सामाजिक घटनाएँ लोगों पर अपना व्यापक प्रभाव डालती हैं। इन घटनाओं से लोक उसी तरह प्रभावित होता है जिस प्रकार समाज का अभिजात वर्ग। कहीं-कहीं तो लोक पर यह प्रभाव ज्यादा दिखायी पड़ता है। अभिजात वर्ग और लोक-समाज दोनों घटित घटनाओं को सहेजने का प्रयत्न करते हैं और इसी क्रम में जो साहित्य सृजन होता है उसे अभिजात

साहित्य और लोक साहित्य की संज्ञा दी जाती है। अभिजात साहित्य प्रायः लिखित रूप में होता है। इसमें शासन और सत्ता के प्रति आक्रोश कमतर दिखायी पड़ता है क्योंकि यह वर्ग किसी-न-किसी तरह से शासन सत्ता से जुड़ा होता है और उसके अनुग्रहों एवं उनकी सेवाओं का लाभ उठाता रहता है। इसके विपरीत लोक हर जमाने में हाशिये पर होता है। शासन सत्ता के लाभों से वंचित यह वर्ग अपने जीवनयापन के लिए लगातार संघर्षरत रहता है। यही वजह है कि लोक अपने समय का मूल्यांकन अपेक्षाकृत वस्तुनिष्ठ ढंग से कर पाता है। यह लोक अपने घटित को कविता कहानी के रूप में कुछ इस प्रकार गूँथ देता है कि इसमें निहित प्रतिरोधी चेतना को सजग सतर्क होकर ही महसूस किया जा सकता है। इस प्रकार तथाकथित सभ्य समाज से बहुत दूर रहकर भी ग्रामीणों में नवीन चेतना एवं नवजागरण की दीपशिखा प्रज्वलित होती दिखायी देती है। अपनी जन्मभूमि के प्रति प्रेम, राष्ट्र की बदलती स्थितियाँ एवं जनजागृति के सम्बन्ध में अत्यन्त सुलझे हुए स्वाभाविक विचारों की सहज अभिव्यक्ति लोक-गीतों में देखी जा सकती है।[3]

लोक साहित्य का राष्ट्र से अत्यन्त घनिष्ठ सम्बन्ध होता है। देश-काल के प्रत्येक पक्ष, समसामयिक स्थितियाँ और राष्ट्रीय चेतना का स्वरूप लोक साहित्य में प्रत्यक्ष रूप से दिखायी पड़ता है। हिन्दू परम्परा में षोडश संस्कारों का उल्लेख मिलता है। गर्भाधान से अन्त्येष्टि तक के सभी संस्कारों में लोक शिद्दत से जुड़ा दिखायी देता है। इन सभी सांस्कारिक अवसरों के साथ लोक-गीत आवश्यक रूप से जुड़े होते हैं। यहाँ तक कि मृत्यु-जैसी विकट और दुःखद स्थिति के लिए भी मृत्यु-गीत की परम्परा दिखायी पड़ती है।[4] आमतौर पर अपमानजनक समझी जानेवाली गाली भी गीतों में ढलकर शादी-विवाह के समय हँसी-ठिठोली का प्रतीक बन जाती है और इसका कोई बुरा भी नहीं मानता। प्रयासरहित, स्वाभाविक रूप से अन्तः निःसृत होने के कारण इन लोक-गीतों में राष्ट्र एवं समाज का सत्य स्वरूप दिखायी देता है। राष्ट्र एवं राष्ट्रीय स्वाधीनता के लिए जनसंघर्ष से जुड़ी सामग्री इसीलिए इन लोक-गीतों में प्रचुर रूप से प्राप्त होती है।[5] इस प्रकार ये लोक-गीत मनोरंजन से जुड़कर न केवल लोक के अन्तःकरण से जुड़ जाते हैं अपितु बड़ी तेजी से व्यापक क्षेत्र में प्रचलित-प्रसरित हो जाते हैं और लोगों पर अपना व्यापक प्रभाव छोड़ते हैं। मौखिक

परम्परा में होने के कारण इन्हें प्रतिबन्धित या जब्त भी नहीं किया जा सकता। इस प्रकार ये लोक-गीत लोक की अभिव्यक्ति तथा लोक प्रतिरोध के मारक हथियार के रूप में सामने आते हैं।

अपनी भौगोलिक स्थिति की वजह से भोजपुर ऐसा क्षेत्र है जहाँ के लोगों को जीने के लिए निरन्तर जद्दोजहद करना पड़ता है। गंगा, गोमती, सरयू और सोन-जैसी नदियाँ प्रतिवर्ष बाढ़ग्रस्त होकर लोगों के लिए आपदा लाती हैं। लगातार संघर्ष करने के कारण इस क्षेत्र के निवासियों में प्रतिरोध की चेतना कूट-कूटकर भरी हुई है। इस चेतना को महसूस करते हुए हिन्दी और मैथिली के विख्यात कवि नागार्जुन अपनी कविता भोजपुरी में लिखते हैं—

यही धुआँ मैं ढूँढ़ रहा था
यही आग मैं खोज रहा था
यही गन्ध थी मुझे चाहिए
बारूदी छर्रे की खुशबू।
ठहरो-ठहरो इन नथनों में इसको भर लूँ
बारूदी छर्रे की खुशबू।
भोजपुरी माटी सोंधी है,
उसका यह अद्भुत सोंधापन।
लहरा उट्ठी
कदम-कदम पर इस माटी पर
महामुक्ति की अग्नि-गन्ध
ठहरो-ठहरो इन नथनों में इसको भर लूँ
अपना जनम सकारथ कर लूँ

× × ×

एक-एक सिर सूँघ चुका हूँ
एक-एक दिल छूकर देखा,
इन सबमें तो वही आग है, ऊर्जा वो ही
इस माटी का तिलक लगाओ।[6]

यह कविता खुले तौर पर इस क्षेत्र और क्षेत्र के लोगों की विशिष्टता का जिक्र करती है। प्रतिरोध की आग और धुएँ की जो खोज नागार्जुन कर रहे थे वह भोजपुर की मिट्टी में वे पाते हैं। भोजपुर की सोंधी माटी में वे बारूदी छर्रे की खुशबू महसूस करते हैं। महामुक्ति की अग्नि गन्ध जैसी पंक्ति नागार्जुन भोजपुर के लिए ही लिख सकते थे। अग्नि की गन्ध महामुक्ति दिलानेवाली होती है और वह गन्ध यहाँ के जन-जन के मन में पायी जाती है। भारतीय स्वाधीनता आन्दोलन के जो भी महत्त्वपूर्ण अध्याय रहे हैं सभी में इस क्षेत्र की महत्त्वपूर्ण भागीदारी रही है। 1857 के संग्राम की शुरुआत करनेबाले मंगल पाण्डेय इसी मिट्टी के सपूत थे। बूढ़े होने के बावजूद कुँवर सिंह ने अंग्रेजों की शक्ति का जिस मजबूत जीवट के साथ सामना किया उससे अंग्रेज सेनानायक भी अचम्भित रह गये। महात्मा गाँधी ने चम्पारन में निलहों के अत्याचार से पीड़ित किसानों का साथ देकर राष्ट्रीय स्तर पर पहली बार इसी क्षेत्र में रहते हुए अपनी मौजूदगी दर्ज करायी। असहयोग आन्दोलन, सविनय अवज्ञा आन्दोलन में इस क्षेत्र के लोगों ने जिस तरह बढ़-चढ़कर भाग लिया, उसका इतिहास गवाह है और 1942 के भारत छोड़ो आन्दोलन के दौरान जिस तरह बलिया ने अपनी आजादी की घोषणा कर दी और 14 दिनों तक लगातार यह स्वतन्त्रता बनाये रखी वह अन्ततः अंग्रेजी शासन के अन्त का ही उद्घोष बन गयी।

सामूहिकता भोजपुर क्षेत्र की अपने विशिष्टता है। इस क्षेत्र में विविध प्रकार के उपक्रम किये जाते हैं लोगों को एकजुट करने के लिए। विभिन्न लोक भाषाओं में 1857 ई. के गदर के दिनों के लोकप्रिय आवाहन गीत प्रचलित हैं। इस तरह के अनेक आवाहन गीत भोजपुरी लोक-गीतों में भी मिलते हैं। लोगों को एकजुट होने का आवाहन इस क्षेत्र में डुग्गी पिटवाकर या नेवता (निमन्त्रण) देकर किया जाता है। क्रान्तिकारी तेवर का एक अद्‌भुत आवाहन गीत भोजपुरी लोक में बहुत प्रचलित है। जो इस प्रकार है :

गाँव-गाँव में डुग्गी बाजल, बाबू के फिरल दोहाई-
लोहा चबवाई के नेवता बा, सब साज आपन दल बादल
बा जान गँवावई के नेवता, चूड़ी फोरवाई के नेवता

सिन्दूर पोंछवाई के नेवता, बा राँड कहवावई के नेवता
जेई हो हमार ते माथ देई, जेई हो हमार ते साथ देई
बा इहाँ न मौका समझइ के, बा इहाँ न मौका बूझइ के,
की तो फेरौ नेवता हमार, की तो तइयार हो जूझइ के

अनेकानेक आवाहन गीतों में यह इसलिए विशिष्ट है कि यहाँ भूमि के लिए सब-कुछ न्यौछावर करने का आवाहन है। भारतीय स्त्रियों के लिए सुहाग (पति) ही उसका सब-कुछ होता है। पति के निधन के पश्चात् सुहागन स्त्री को अपनी सारी निशानी त्यागनी पड़ती है और विधवा का वेश धारण करना पड़ता है। किसी भी स्त्री के लिए यह अकल्पनीय स्थिति ही है। लेकिन इसी अकल्पनीय स्थिति का सामना करने का नेवता लोगों में बाँटा जा रहा है। कुँवर सिंह अपने लोग यानी विश्वसनीय वफादार लोग चाहते हैं जो मौका पड़ने पर अपनी जान तक दे देने के लिए उद्यत दिखें। यहाँ पर निर्णय तुरन्त लेना है। सोच-विचार का कोई अवसर नहीं है। या तो नेवता वापस कर दो या उसे स्वीकार कर जूझने के लिए तैयार हो जाओ। आमतौर पर इस क्षेत्र में नेवता फेरा नहीं जाता। अदावत या निजी खुन्नस की स्थिति में ही लोग नेवता फेरते हैं। लेकिन यहाँ तो कोई व्यक्ति-विशेष की बात ही नहीं है। यहाँ तो देश के लिए जान देने का न्यौता है। अब इसे भला कैसे फेरा जा सकता है। फेरनेवाले को लोक-निन्दा का सामना करना पड़ सकता है या लोगों द्वारा राष्ट्रद्रोही ठहराया जा सकता है। लेकिन इस मिट्टी की तो यही विशेषता है कि लोग मर-मिट जाना तो पसन्द करते हैं लेकिन लोकनिन्दा के साथ जीना कतई पसन्द नहीं करते। फिर एक ही रास्ता है कि रणभूमि में चलकर दुश्मन से लोहा लिया जाय। लोक का यह समर्थन, सहयोग और बल ही था जिसके बूते कुँवर सिंह ने लम्बे समय तक अंग्रेजी शक्ति का सफलतापूर्वक सामना किया और भोजपुर क्षेत्र की शक्ति का भरपूर अहसास करा दिया।

हमने पहले भी इस बात का उल्लेख किया है कि विस्थापन और फिर नये सिरे से सब-कुछ का पुनर्निर्माण भोजपुरी क्षेत्र की नियति रही है। प्रकृति के इस प्रकोप को लोग उसकी क्रीड़ा समझते हुए उसे अपनी जीवनचर्या बना लेते हैं। और इसी क्रम में इस क्षेत्र की एक प्रमुख विशिष्टता सामने आती

है—प्रतिरोध का जीवट और सामूहिकता। यहाँ का जन कभी भी पराजित महसूस नहीं करता। हार के बाद भी फिर नये सिरे से नवोल्लास की खोज में जुट जाता है। पराजय को पराजय नहीं बल्कि जिन्दगी का अंग समझकर उसके साथ भी हास-परिहास-मजाक कर लेता है। यही भावना उसे टूटने नहीं देती। इतिहास गवाह है इस क्षेत्र के लोगों को गिरमिटिया मजदूर के रूप में ब्रिटिश सरकार द्वारा अपने अन्य उपनिवेशों में ले जाया गया। घर-बार, जगह-जमीन, परिवार-दोस्त-गाँव सब-कुछ छूटने की पीड़ा के बावजूद ये गिरमिटिया जहाँ भी गये वहाँ अपने परिश्रम से एक नया अध्याय लिख डाला एवं वहाँ के स्वरूप को बदल डाला। समय के साथ संघर्ष करते हुए ये उत्साही जन अब मॉरीशस, फिजी, सूरीनाम, त्रिनिडाड-टोबैगो जैसे देशों में शीर्ष पदों पर पहुँचकर देश को एक नयी दिशा दे रहे हैं। इतने ऊँचे पद पर पहुँचने के बाद भी अपने जड़ की तलाश उन्हें भारत और यहाँ अपने गाँव खींच ही लाती है जहाँ ये गँवई लोगों से मिलकर सैकड़ों वर्ष पहले गुम गयी अपनी पहचान को तलाशने का प्रयास करते हैं। और इस प्रयास में इनके चेहरे पर कोई झिझक या शिकन तक नहीं दिखायी देती। प्रतिरोध का यह जीवन और यह अन्दाज आपमें दुर्लभ है। अपने विश्व की चुनिन्दा जातियों-प्रजातियों में ही यह पायी जाती है।

यह लोक सामूहिकता को जीता है और उसे अपने जीवन में उतारता है। इसीलिए इसके प्रतिरोध के जो भी माध्यम मिलते हैं उनमें अपने-आपमें एक सामूहिकता दिखायी पड़ती है। मनोरंजन के रूप में यह लोक-गीत गवनई को पसन्द करता है। विभिन्न ॠतु पर्वों पर भोजपुरी लोक अपने लोक-गीतों के माध्यम से खुद को अभिव्यक्त करता है। कजली, सोहर, बिरहा, चैता, झूमर, फाग आदि लोक-गीतों में प्रकृति, जीवन और संघर्ष के विभिन्न रंग अपने पूरे उल्लास के साथ दिखायी पड़ते हैं। चूँकि स्वतन्त्रता संघर्ष भी इस लोक के लिए जीवन-मरण का प्रश्न था इसीलिए इसकी अनुगूँज इन लोक-गीतों में सहज ही दिखायी पड़ती है। लोक-गीत की कोई विधा इस अनुगूँज से अछूती नहीं रही। यह प्रकारान्तर से इस बात को दर्शाता है कि लोक का स्वतन्त्रता आन्दोलन के साथ जुड़ाव कैसा और किस प्रकार का था। वास्तव में इसका तरीका इतना अलग-अलग और व्यापक था कि देखकर आश्चर्य होता है। इसी के

मद्देनजर अपने शोधकार्य 'लोक-संस्कृति में राष्ट्रवाद' में बद्रीनारायण कहते हैं कि लोक की समानान्तर राजनीति का स्वरूप अत्यन्त जटिल है। एक विशिष्ट प्रकार की स्पष्टता की तह में अनेक विशिष्ट अस्पष्टताएँ सक्रिय हैं। किन्तु यह अस्पष्टता हमारे बौद्धिक ज्ञान की सीमा है न कि लोक के राजनीति के स्वरूप की। वास्तव में आज इसी बात की जरूरत है कि अपने सीमित दायरे से ऊपर उठकर लोक के विभिन्न स्तरों की सूक्ष्म छानबीन की जाय जिससे हमारे इतिहास का एक अलग स्वरूप दिखायी पड़ सकता है। 'अस्पष्टता' या 'बौद्धिक सीमा' कहकर हम निजात नहीं पा सकते। क्योंकि लोक अपने-आपमें व्यापक होता है और इसकी व्यापकता को समझने के लिए हमें इसके भीतर उतरकर समझने की कोशिश करनी होती है। तभी कथित अस्पष्टताएँ स्पष्ट हो सकती हैं।

बारहवीं शताब्दी के एक संस्कृत ग्रन्थ सदुक्तिकर्णामृत में लोकजीवन के दुःख-दारिद्र्य को जिस तरह से व्यक्त किया गया है वह रोंगटे खड़े कर देनेवाला है।

दारिद्र्य गृध्रपरिमुक्त समस्तमांसं स्नायूपरुद्ध सकलास्थिवयावशेषम् ।
पीयूषवृष्टिमिव नाथ निधेहि दृष्टिं कंकाल जाल मिद मंकुर मातनोति ।।[8]

अर्थात— *सारा मांस नोच-नोचकर खा चुका है दलिद्दर का गीध*
हड्डियों का बचा हुआ एक ढेर है
जिसे बाँधे हुए है नाड़ियों का जाल
अब तो अमरित बरसाइये
राजन्! शायद इस अस्थिकंकाल में
फिर से जीवन जाग जाये।[9]

प्रश्न यह है कि दीन-दुःखी जन किससे अमृत बरसाने की प्रार्थना कर रहा है। सामान्य तौर पर इसे ईश्वर से की गयी याचना कहा जा सकता है। और इसमें कुछ झूठ भी नहीं है। इसी से जुड़ा एक सन्दर्भ मुझे व्यक्तिगत तौर पर याद आ रहा है जिसमें अपने किसान पिता से बालसुलभ जिज्ञासा में मैंने कभी पूछा था कि जब मुझे कोई परेशानी होती है तो उसका निराकरण आप कर देते

हैं। लेकिन आप अपनी परेशानियाँ सुलझाने का आग्रह किससे करते हैं? पिता ने एक लम्बी चुप्पी के बाद जवाब दिया— मेरे पास ईश्वर के सिवाय कौन है? मैं उसी से अपनी परेशानी सुलझाने का आग्रह करता हूँ। यह जो ईश्वरीय अवधारणा लोक में व्याप्त है, क्या है? अब जो मुझे समझ में आता है उसके आधार पर मैंने पाया है कि यह ईश्वर दरअसल अपना आत्मविश्वास है। यह लोक अपने आत्मविश्वास के जरिये खुद को संकट की घड़ी में सँभालने और मजबूत बनाने का कार्य करता है।

लोक में ईश्वर की मौजूदगी बहुतायत में मिलती है। लोक से ईश्वर को काटकर देखा- समझा ही नहीं जा सकता। लोक को और लोक की मनोभावना को समझने के लिए पहले हमें इस ईश्वर को समझने का प्रयास करना होगा। लोक से ईश्वर को हटा देने पर कुछ भी नहीं बचेगा और जो भी अवधारणाएँ सामने आयेंगी वह कदाचित् वायवीय ही होंगी। यद्यपि इस समय कुछ इतिहासकार इस लोक में भी धर्मनिरपेक्षता की अवधारणाएँ तलाशने में जुटे हुए हैं और अपने तर्कों से इसे प्रमाणित करने का प्रयास भी कर रहे हैं। वे दरअसल यहीं पर एक चूक कर जाते हैं जब ईश्वर को सगुण-निर्गुण और धार्मिक परम्परा के चौखटे से बाहर निकलकर देख ही नहीं पाते। अगर पहले से बने-बनाये खाँचे से बाहर निकलकर हम ईश्वर का विश्लेषण करें तो कहीं-न-कहीं इसका सम्बन्ध आत्मविश्वास से जुड़ता है जो लोक की प्राणशक्ति बनकर सामने आता है। लोक की यह मजबूती ही है जो उसे अनेकानेक विडम्बनाओं और परेशानियों में भी थामे रहती है।

संस्कृत जिसे अभिजात साहित्य कहकर हमेशा टाला जाता रहा है उसमें भी लोक के दु:ख-दर्द का ऐसा विवरण मिलता है जिसे देखकर सहसा विश्वास नहीं होता।

धूमेन रिक्तमपि निर्भैरवाष्पकारि दूरीकृतानलमपि प्रतिपन्नतापम् ।
दैन्यातिशून्यमपि भूषितबन्धु वर्गमाश्चर्यमेव खलु खेदकर गृहं न:।।[10]

अर्थात् यह हमारा घर है।

धुआँ तो नहीं उठता
आँसू फिर भी घुमड़ते हैं उसमें

आग तो नहीं जलती
फिर भी ताप बहुत है इसके भीतर
दलिद्दर ने सब-कुछ कर दिया है सूना
केवल धरती ही है हम लोगों का गहना
कुछ अचरज भरा ही है हमारा घर
दु:ख का एक खजाना है यह।[11]

इसी प्रकार एक अन्य श्लोक में कहा गया है—

उत्सन्नच्छदिरूच्छ्वसद्वृति गलद्भित्ति स्खलन्मण्डलि
भ्राम्यत्कुण्डलि डिण्डदाखु खुरलिप्रक्रीडिमेकावलि
न श्वच्चर्मचरौधपक्षतिपुट प्रारब्धभांभांकृति
श्रीमत्सेनकुलावतंस भवत: शत्रोरिवास्मद्गृहम् ।।[12]

आचार्य राधावल्लभ त्रिपाठी ने उपर्युक्त श्लोक का काव्यानुवाद इस प्रकार किया है-

छाजन गिर-गिर पड़ने को है
हिल रही है नींव
गल रही हैं दीवारें
धरन तक दरक गयी हैं भीतर तक
रेंगते हैं साँप, विहार करते हैं चूहे
छुआ-छाई खेलते हैं मेंढक उछल-उछलकर
चंचल चमगादड़ पंख फैलाकर उड़ते हैं जब
भाँय-भाँय की आवाज सनसनाकर तिरती है हवा में
राजन्, हमारा घर ठीक वैसा ही है
जैसा आपके शत्रु का होना था।[13]

शासन सत्ता हमेशा जनता को बेहतर जीवन सुविधाएँ देने की बात कहकर आम जनता को छलता आया है। सदूक्तिकर्णामृत 12वीं शताब्दी का ग्रन्थ है। इस समय उत्तर भारत में कई छोटे-छोटे स्वतन्त्र राज्य थे। जो छोटी-छोटी बातों और स्वार्थों को लेकर अक्सर आपस में ही उलझे रहते थे। महमूद

गजनवी के 1000 ई. से 1026 ई. तक के भारत आक्रमणों से इन शासकों ने कोई सबक नहीं लिया। एक और मुस्लिम आक्रमण का खतरा भारत के ऊपर लगातार मँडरा रहा था लेकिन न तो इसकी किसी को चिन्ता थी न ही परवाह। क्योंकि इन शासकों का व्यक्तिगत अहम् ही सर्वोपरि था। ऐसी परिस्थिति में जनता की क्या हालत थी उसे इस ग्रन्थ में बड़े यथार्थपरक ढंग से दर्शाया गया है। लेकिन यह श्लोक आज इक्कीसवीं सदी में भी मौजूँ लग रहा है। लगभग हजार वर्ष बीत गये। तब से गंगा में न जाने कितना पानी बह गया लेकिन आम आदमी की दैन्यता में कोई बदलाव नहीं आया। कहने को हम दुनिया के सबसे बड़े लोकतान्त्रिक देश के नागरिक हैं लेकिन अगर गौर से देखा जाय तब इस व्यवस्था में न तो लोक का बेहतर जीवन दिखायी पड़ता है न ही इसे बदलने के लिए कोई तन्त्र ही उद्यत दिखायी पड़ता है। आज भी हमारी आबादी का एक बड़ा तबका ऐसा है जिसे अपनी छत अपना घर नसीब नहीं है। फिर यह कैसा लोकतन्त्र है जिसका जाप हम स्वाभिमान और अपनी उच्चता, अग्रता और आधुनिकता दिखाने के लिए करते हैं।

भोजपुरी लोक की एक विशिष्ट पहचान रहा है डण्डा। यह डण्डा इस लोक का सच्चा साथी हुआ करता था। सामान्य तौर पर यह सहारे के लिए प्रयुक्त किया जाता लेकिन आपदा के समय यह हथियार का भी काम करता था। गिरधर कविराय की लाठी से सम्बन्धित कुण्डलिया 'सब हथियारन छोड़ि हाथ में रखिहऽ लाठी' का उल्लेख इस क्षेत्र के लोगों के सन्दर्भ में हम पहले ही कर चुके हैं। कैलाश कवि का जिक्र बद्रीनारायण ने अपने शोध कार्य में विस्तार से किया है।[14] 1921 ई. के आन्दोलन के बाद के भोजपुरी क्षेत्र के राष्ट्रवादी संघर्ष में सक्रिय रूप से भाग लेते रहे। कैलाश स्वयं एक अच्छे लोक कवि और गायक थे जिनके भीतर समानान्तर राजनीतिक चेतना का विकास होता रहा। यह 'समानान्तर' बहुत-कुछ अभिजन से लोक के मोहभंग और विरहों के टकराव की स्वाभाविक अभिव्यक्ति है। इस समानान्तर की चेतना को समझने के लिए बद्रीनारायण कैलाश कवि की तुक्कड़ियाँ प्रस्तुत करते हैं जिनका सम्बन्ध लाठी या डण्डा से ही है :

1. जो खावे घीव-मलीदा, ओकर कान बहिराइल बा
डण्डा उठावा ऽऽ चल ऽऽ फिरंगियन के

भगावे के दिन आइल बा।

2. कहै कवि कैलाश उठाव ऽऽ डण्डा।

तबहिं फूटी अँगरेजवन के भण्डा।[15]

ध्यातव्य है कि यह तुक्कड़िया असहयोग आन्दोलन के बाद की है। गाँधी जी अपनी अहिंसा के प्रचार और प्रयोग में लगातार जुटे हुए थे। लोक इसे अभिजन की स्ट्रैटजी मानते हुए क्रान्ति और अंग्रेजों से सीधे तौर पर विरोध की बात करता था। इतिहासकार विपिनचन्द्र मानते हैं कि इसी समय क्रान्तिकारी आतंकवाद की दो धाराएँ विकसित हुईं। पहली पंजाब, उत्तर प्रदेश और बिहार में तथा दूसरी बंगाल में ये दोनों धाराएँ सामाजिक बदलाव से उपजी नयी सामाजिक शक्तियों से प्रभावित हुईं। इनमें एक थी प्रथम विश्वयुद्ध के बाद उपजा मजदूर संगठन।[16] भोजपुरी क्षेत्र की अधिकांश जनता खेती-मजदूरी से ही जुड़ी हुई थी। अपनी दुर्दशा के लिए यह जनता अंग्रेजी शासन को ही जिम्मेदार मानती-समझती थी। ऐसे में किसानों-मजदूरों का यह आम वर्ग स्वाभाविक रूप से क्रान्तिकारी से आतंकवाद की दिशा में मुड़ा जिसका जिक्र कैलाश कवि ने अपनी तुक्कड़ियों के माध्यम से करने का प्रयास किया है। इसी समय अक्टूबर, 1924 में क्रान्तिकारी युवकों का कानपुर में एक सम्मेलन हुआ और 'हिन्दुस्तान रिपब्लिकन एसोसिएशन' का गठन किया गया जो आगे चलकर 'हिन्दुस्तान सोशलिस्ट रिपब्लिकन एसोसिएशन' में परिवर्तित हो गया। लोक से जुड़े युवाओं को ऐसा लग रहा था कि क्रान्ति के माध्यम से अंग्रेजों को डरा-धमकाकर भारत से बाहर किया जा सकता है और इसी क्रम में ये युवा बड़ी तेजी से इन क्रान्तिकारी संगठनों से जुड़ने लगे। इस समय इन युवाओं के आदर्श गाँधी की जगह चन्द्रशेखर आजाद, भगत सिंह, राजगुरु, सुखदेव, अशफाकउल्ला खाँ, सूर्यसेन आदि बनते चले गये। 1925 ई. से लेकर 1931 ई. तक यह क्रान्तिकारी धारा अपने प्रबल रूप से दिखायी पड़ी। आगे क्रान्तिकारी धारा का प्रतिनिधित्व सुभाष चन्द्र बोस ने अपने तरीके देश से बाहर जाकर किया। बहरहाल क्रान्ति के इस दौर में भोजपुरी लोक ने क्रान्तिकारियों के कन्धे-से-कन्धा मिलाकर अपना भरपूर साथ एवं सहयोग दिया। इस समय इस लोक का हथियार लाठी जन-जन के हाथों में थी। लोगों का विश्वास चरम पर था

और इसकी अभिव्यक्ति लोक-गीतों में मुखर रूप से हो रही थी। लाठी जो आसानी से सर्वसुलभ थी, जो एक दरिद्र के घर में भी अपनी पूरी उपस्थिति के साथ मौजूद थी, इस समय लोक के प्रतिरोध का एक प्रमुख अस्त्र बन गयी।

लोक प्रतिरोध का एक अन्य सशक्त माध्यम बना अपनी भूमि का गौरव गान। अपने उस देश को जो अंग्रेजों का शिकार होकर आर्थिक रूप से बदहाल हो गया था, जहाँ जीवन अत्यन्त दुष्कर बन गया था उसके प्रति भी एक आदर, सम्मान एवं गौरव का भाव लोगों के दिल में था। रघुवीर नारायण अपने गीत 'बटोहिया' में लिखते हैं:

सुन्दर सुभूमि भैया भारत के देसवा से
मोरे प्रान बसे हिम-खोह रे बटोहिया
एक द्वार घेरे राम हिम-कोतवालवा से
तीन द्वार सिन्धु घहरावे रे बटोहिया
जाहु-जाहु भैया रे बटोही हिन्द देखि आउ,
जहँवा कुहुँकि कोइल बोले रे बटोहिया
पवन सुगन्ध मन्द अगर चननवा से
कामिनी बिरह राग गावे रे बटोहिया।

अपने देश के प्रति गौरव का यह भाव लोगों में हीन-भावना पनपने से रोकता था। जिस समय अंग्रेज अपने को सर्वोच्च आर्य जाति का मानते हुए भारतीयों को काले, कुत्ते आदि अपमानजनक उद्बोधनों से सम्बोधित करते थे, भारतीयों पर उनका जुल्मोंसितम काफी बढ़ गया था, ऐसे समय में यह आवश्यक था कि भारतीयों का आत्मविश्वास डिगने न पाये। गर्व की भावना से अपने देश को संसार की सुन्दर भूमि, जिसके सिर पर हिमालय की पर्वत चोटियों का ताज है, जिसके पैर तीन समुद्र पखार रहे हैं, बताना इसी आत्मविश्वास का परिणाम था। सम्भवत: भारतीयों की यह एक मजबूती थी जिसके दम पर एक लम्बे समय तक उन्होंने संसार की इस समय की श्रेष्ठ ताकत का मुकाबला किया और अन्तत: स्वतन्त्रता प्राप्त करने में सफलता पायी।

अपने देश और अपनी भूमि के प्रति गौरव का यह भाव देश भर के लोक-गीतों में आवश्यक रूप से मिल जाता है।

भारतीय स्वाधीनता आन्दोलन में एक नया मोड़ तब दिखायी पड़ता है जब औसत कद-काठीवाले गाँधी जी ने आगे बढ़ कर इसकी बागडोर थाम थी। कुछ ही दिनों में राष्ट्रीय ख्याति प्राप्त करने के बावजूद गाँधी जी ने आम जनता से अपना सम्बन्ध हमेशा बनाये रखा। यही नहीं लोक का विश्वास जीतने के लिए गाँधी जी ने लोक से जुड़े प्रतीकों को लेकर राष्ट्रीय आन्दोलन का विषय बना दिया। यह किसी चमत्कार से कम नहीं था तब यह कौन सोच सकता था कि चरखा भारतीयों को आपस में जोड़ने और आर्थिक स्वाभिमान भरने का एक ऐसा अस्त्र बन जायेगा जो अंग्रेजों को पूरी तरह निरुत्तर कर देगा। कौन यह सोचता था कि नमक-जैसी मामूली चीज से पूरे देश में जन-भावना का ज्वार पैदा किया जा सकता है। अनेक लोगों ने गाँधी जी द्वारा सत्याग्रह के लिए नमक के चयन की हँसी उड़ायी। लेकिन गाँधी जी जिन्हें विपिनचन्द्र ने जन आन्दोलन का माना हुआ विशेषज्ञ कहा है इसकी महत्ता और व्याप्ति से भलीभाँति परिचित थे। नमक का भारतीय परिवेश में विशेष महत्त्व था। नमक का जुड़ाव लोक में अपनों का जुड़ाव माना जाता है। भोजपुरी लोक में तो इसका विशेष सन्दर्भ है। शादी-ब्याह से लेकर श्राद्ध तक के आयोजनों में जन भोज के बाद जो भोज आयोजित होता है उसे 'नूने मिलना' कहते हैं। इस मिलन में अपने अत्यन्त करीबी सगे-सम्बन्धी एवं खानदान के लोग ही आमन्त्रित किये जाते हैं। किसी का नमक खाकर उसे धोखा देना नमकहरामी माना जाता है। ऐसे में नमक का मसला उठाकर गाँधी जी ने पूरे भारतीय मन-मस्तिष्क को संवेदनात्मक तारों से जोड़ दिया। 1930 ई. के फरवरी महीने में गाँधी जी ने जैसे ही नमक की बात करनी शुरू की सत्याग्रह का सूत्र स्पष्ट होने लगा। पानी से पृथक् नमक नाम की कोई चीज नहीं है जिस पर कर लगाकर राज्य करोड़ों को भूख से मार सकती है। बीमार, असहाय और विकलांगों को पीड़ित कर सकती है। इसीलिए यह कर अत्यन्त अमानवीय है, अविवेकपूर्ण है जिसका उपयोग मानवता के विरुद्ध किया जाता है।[17]

लोक गाँधी जी के नमक सत्याग्रह से पूरी तरह जुड़ गया। देश भर में जगह-जगह पर लोग प्रतीकात्मक रूप से नमक बनाने लगे। नमक बनाने की घटना लोक-गीतों का विषय बनने लगी ऐसे ही एक लोक-गीत में चना बेचनेवाला कहता है :

चना को गाँधी जी ने खाया
जा के डण्डी नमक बनाया
सत्याग्रह संग्राम चलाया, चना जोर गरम
तुम भी चना चबेना खाओ, खा के गाँधी जी बन जाओ
अँगरेजन का मार भगाओ, चना जोर गरम।[18]

घर-घर का नमक अब एक राष्ट्रीय प्रतीक बन गया। लोगों ने जगह-जगह पर नमक बनाकर गाँधी जी से नूने मिलने की रस्म पूरी करते हुए जनान्दोलन में अपनी भागीदारी को सुनिश्चित कर दिया। इसी क्रम में गाँधी जी ने विदेशी वस्तुओं की होली जलाने, स्वदेशी को अपनाने और लोगों से चरखा चलाने का आह्वान किया। चरखा घर-घर पहुँचने लगा। चरखे पर प्रतिदिन सूत कातने जैसा मामूली काम राष्ट्रीय कर्त्तव्य बन गया। गाँधी जी का मानना था कि सत्य, अहिंसा और चरखा ये तीनों ही लोक-जीवन के अपने हैं। लोक से इनका घनिष्ठ सम्बन्ध इस समय के अनेक लोक-गीतों में स्पष्ट रूप से परिलक्षित होता है।

हम भारतवासी हम भारतवासी पाये सुराज सही रे सही
मिले गाँधी-जवाहिर मिले, गाँधी जवाहिर एक बात कही रे कही
सब कातहु चरखा सब कातहु चरखा, सुनकर मूल यही रे यही
छोड़ो कपड़ा विदेशी छोड़ो कपड़ा विदेशी, खद्दर लेहु गही रे गही
लाज भारत की मारी, लाज भारत की मारी, कपड़े बिना नर-नारी सभी
सुन्दर चरखा चलाओ, सुन्दर चरखा चलाओ तब घर बार सभी के सभी
पहिरौ खद्दर मोटा पहिरौ खद्दर मोटा, सुनो नर नारी सभी के सभी
प्यारे हिन्दू-मुसलमान, प्यारे हिन्दू-मुसलमान, आपस में मेल चही रे चही।[19]

जब से गाँधी जी ने विदेशी वस्त्रों का बहिष्कार कर स्वदेशी खादी से बने वस्त्रों को पहनने का सन्देश घर-घर पहुँचाया तब से यह राष्ट्रप्रेम का प्रतीक बन गया। चरखा देश की सभी भाषा-बोलियों के लोक-गीतों में पहुँच गया। प्रतिदिन चरखा कातने से अधिक सूत एवं शुद्ध स्वदेशी वस्त्र प्राप्त होते हैं और भारत का धन विदेश जाने से बच जाता है। चरखे की घरर-घरर की ध्वनि कर्णप्रिय और मधुर लगती है :

घरर घर घरर चलै चरखा रे।
चलै चाक पै माल तौ चरखा करै सूत बरखा।।
तजि देउ सब आलस्य किफायत पैसा की कीजो।
घर घर कातौ सूत ओढ़ सब कपड़ा की कीजो।। घरर घरर... ...
शुद्ध सूत के कपड़ा पहिरौं स्वच्छ रहो दिन रात
पैसा बाहर न जाये तौ सदा रहे अपने पास ।। घरर घरर[20]... ...

लोक चरखे के महत्त्व को भलीभाँति पहचान रहा था। यह अब अपना जरूरी काम बन गया था। सारे कामों के बीच एक और महत्त्वपूर्ण काम जो हमारी देशज पहचान को पुष्ट करता था। घर पर सूत कातने से शुद्ध सूती वस्त्र तो मिलता ही अपना आर्थिक आधार भी मजबूत बनता था। लोग इस बात के प्रति जागरूक हो चुके थे कि विदेशी कपड़ा खरीदने का मतलब अपना धन विदेश को देना और उसे मजबूत बनाना है। एक चरखे ने सारी समस्याओं का निराकरण कर दिया। ऐसा था यह चरखा जिसने भारत की समस्त जनता को अनेकानेक भेदभावों के बावजूद एक सूत्र में बाँधकर उसे और मजबूत बना दिया। राष्ट्रीय आन्दोलन को भारतीय लोक के इसी एकता की जरूरत थी। प्रतिरोध का हथियार बने चरखे ने यह काम बखूबी किया। अंग्रेजी सरकार इस चरखे की कोई काट नहीं ढूँढ़ सकी। वह चरखे के सामने असहाय नजर आने लगी।

भाषा मनुष्य की अभिव्यक्ति का सशक्त माध्यम होती है। लोक अपनी सहज अभिव्यक्ति अपनी भाषा में ही कर पाता है। महात्मा गाँधी ने इस मर्म को गहरे तौर पर समझ लिया था इसीलिए उन्होंने अंग्रेजों की भाषा अंग्रेजी के भारत की भाषा होने को एक सिरे ही खारिज कर दिया और हिन्दी को ही भारत की राष्ट्रभाषा बनाये जाने पर बल दिया। गाँधी जी का मानना था कि अगर हमें एक राष्ट्र होने का दावा साबित करना है, तो हमारी अनेक बातें एक-सी होनी चाहिए। भिन्न-भिन्न धर्म और सम्प्रदायों को एक सूत्र में बाँधनेवाली हमारी एक सामान्य संस्कृति है...हमें एक सामान्य भाषा की भी जरूरत है। देशी (प्रान्तीय) भाषाओं की जगह पर नहीं, परन्तु उसके अलावा। इस बात में साधारण सहमति है कि यह माध्यम हिन्दुस्तानी ही होना चाहिए जो हिन्दी और उर्दू के मेल से

बने और जिसमें न तो संस्कृत की और न फारसी या अरबी की ही भरमार हो।[21] एक अवसर पर तो गाँधी जी ने खुले तौर पर यह उद्घोषित किया कि जाकर अंग्रेजों से बता दो कि गाँधी अंग्रेजी नहीं जानता।

भारतेन्दु हरिश्चन्द्र इसके पहले 'निज भाषा की उन्नति' को व्यक्ति की उन्नति से जोड़कर इसे अपना समर्थन प्रदान कर चुके थे। लोक अपनी भाषा बोली में लोक-गीतों के माध्यम से अंग्रेजी सरकार के खिलाफ प्रतिरोध का जो गीत रच रहा था वह अप्रतिम था। अंग्रेजों को भारत पर शासन करने के लिए हिन्दी या यहाँ की स्थानीय भाषाएँ सीखने की जरूरत हो सकती थी लेकिन भारतीयों को अपना प्रतिरोध जताने के लिए किसी और भाषा की जरूरत नहीं थी। वह बेबाकी से अपनी भाषा में अपनी बात कह रहा था। अपनी बोली में वह अंग्रेजी अत्याचारों और अपनी दुर्दशा को उद्घाटित कर रहा था। केन्या के प्रसिद्ध रचनाकार न्मूमी वा थ्यांगो ने लिखा है वेस्टेण्डीज के किसी विचारक ने एक बार कहा था कि भाषा का चुनाव अपने लिये एक दुनिया का चुनाव करना होता है और हालाँकि मैं किसी दुनिया के ऊपर भाषा के कल्पित प्रभुत्व को नहीं मानता, पर भाषा का चुनाव करते समय ही किसी साहित्यकार के सामने खड़े सबसे अहम् सवाल का जवाब मिल जाता है कि मैं किसके लिए लिख रहा हूँ। मेरा पाठक कौन है। अगर केन्या का कोई लेखक अंग्रेजी में लिखता है तो बेशक उसका कथ्य कितना भी क्रान्तिकारी क्यों न हो, वह निश्चय ही केन्या के किसानों-मजदूरों तक नहीं पहुँच पाता न उसका इनके साथ सीधा संवाद ही बन पाता है। लोक को यह बात पहले ही मालूम थी इसीलिए उसे भाषा सम्बन्धी इस तरह की कोई दिक्कत ही नहीं थी। दुनिया का हर लोक-गीत बिलकुल अपनी ठेठ बोली-भाषा में ही रचा जाता है। इसीलिए यह अधिक प्रभावशाली साबित होती है। इन लोक-गीतों की एक खासियत और भी है कि शायद ही इसमें किसी और लोकभाषा के लिए निन्दा या ईर्ष्या का भाव दिखायी पड़े। यही उसकी मजबूती भी होती है। स्वतन्त्रता आन्दोलन के दौरान हमारे भारतीय लोक ने प्रतिरोध के हथियार के तौर पर जिस भाषा को चुना वह उसकी अपनी भाषा-बोली थी। जिस सहजता से वह अपनी बातों, अपने विचारों को अपनी भाषा में व्यक्त कर सकता था वह दूसरी भाषा में सम्भव ही नहीं था। इस प्रकार लोक की अपनी भाषा भी साम्राज्यवाद के प्रति अपना प्रतिरोध जताने का एक प्रमुख माध्यम बनी।

गाँधी भारतीय इतिहास की ऐसी शख्सियत थे जो एक व्यक्ति मात्र न होकर खुद में एक विचार और प्रतिरोध के प्रतीक बन गये थे। इस प्रतीकात्मकता के पीछे कहीं-न-कहीं यह लोक ही था। यहाँ यह लोक मिथक आम है कि जब-जब मानवता संकट में पड़ती है तब-तब उसका उद्धार करने के लिए कोई-न-कोई अवतार होता है। यह अवतार बुरी शक्तियों का नाश कर मानवता की रक्षा करता है। इसी परम्परा में दस, चौबीस और कहीं-कहीं छत्तीस अवतारों की चर्चा मिलती है। ध्यातव्य है कि यह अवतार प्राय: मानव रूप में ही होते थे। इनके मानवीय कृत्य ही इन्हें अवतार की पंक्ति में खड़ा करते थे। गाँधी जी को लोक ने इन्हीं अवतारों की परम्परा में जोड़कर देखा :

अवतार महात्मा गाँधी के भार उतारै का।
सिरी राम के सेना बानर रही सिरीकिसन के सेना ग्वाल बाल
गाँधी के सामने पब्लिक रहै, भारत के भार उतारै का
सिरीराम के साथे लछिमन रहै सिरीकिसन के साथे ग्वाल बाल
सिरीराम के हाथे धनुष बाण, सिरीकिसन के हाथे बंसी रही
गाँधी के हाथे में चरखा रहा, भारत के भार उतारे का
सिरीराम मारे रहे रावन का सिरीकिसन मारे रहे कंसा का
गाँधी जी जग मा परगट भये अन्यायी राज हटावे का।[22]

राम और कृष्ण भारतीय जन के संस्कृति-पुरुष हैं। दोनों ने अपने समय में लगातार संघर्ष करते हुए अपने समय की बुरी शक्तियों का अन्त किया। इसी परम्परा में लोक अपने समय के गाँधी को रखता है जिसकी सेना उन दोनों महापुरुषों से भी बड़ी पब्लिक यानी जनता की सेना है। गाँधी का हथियार चरखा है और अपने इस हथियार के माध्यम से गाँधी जी अंग्रेजों का अन्यायी राज हटाने के लिए प्रकट हुए हैं। गाँधी जी को अपने इस अभियान में सफलता मिली। ठीक राम-कृष्ण की ही परम्परा में गाँधी जी ने अंग्रेज़ी महाशक्ति को पराभूत किया और इस प्रकार भारत ने सदियों से चली आयी अपनी पराधीनता को अन्तिम रूप से समाप्त कर स्वाधीनता के नये अध्याय की शुरुआत की।

कभी-कभी हमारे आदर्श पुरुष हमारे लिये खुद ही प्रतिरोध का माध्यम बन जाते हैं। हमारे मन-मस्तिष्क में आदर्श पुरुष की विशिष्ट छवि हमें उन्हीं जैसा

बनने के लिए उत्प्रेरित करती रहती है। गाँधी जी समय के साथ अपने जीवन में ही किंवदन्ती बन गये और उनसे जुड़ी कई चमत्कारिक कथाएँ लोक कविताएँ, तुक्कड़ियाँ आदि लोक में गढ़ी गयीं। गाँधी में ही लोक वह छवि देखता था जिसमें बिना कुछ आगे-पीछे सोचे उनके एक आह्वान पर निकल पड़ता था। हाथ में डण्डा लिये बापू के लोक लगाव से ब्रिटिश सरकार भयभीत रहने लगी और अन्तत: उसे मजबूरी। वश भारत को स्वाधीन करना पड़ा। गाँधी जी की एक हिन्दू उग्रवादी नाथूराम गोडसे द्वारा 30 जनवरी, 1948 को गोली मारकर हत्या कर दी गयी। उनकी हत्या से लोग खुद को अनाथ समझने लगे और यह प्रतिज्ञा करने लगे कि बापू के सुझाये रास्तों पर चलकर हम उनकी याद बनाये रखेंगे और अपने आँसुओं से तर्पण करेंगे हम आजीवन आपके नाम को भजकर सन्मार्ग पर चलने का प्रयास करेंगे :

जिनगी भर भजब रउरे नाम ऐ मोरे गाँधी बाबा
बापू जी के नाता लगा के गइली सुरधाम ए मोरे गाँधी बाबा
सारी दुनिया हो गइल अनाथ, ए मोरे गाँधी बाबा
भारत आजाद कइलीं, गोली खा के मरलीं ए मोरे गाँधी बाबा
नइया परलि बा मँझधार, ए मोरे गाँधी बाबा
ब्रिटिश के नास कइ के भेजली इंग्लिस्तान ए मोरे गाँधी बाबा
सारी दुनिया होइ गइल बेहाल, ऐ मोरे गाँधी बाबा
जिनगी भर भजब रउरे नाम ए मोरे गाँधी बाबा।[23]

इस प्रकार लोक ने प्रतिरोध के अपने औजार समय के साथ खुद विकसित किये। लोक का यह जमीनी जुड़ाव ही था कि उसे उखाड़ फेंकना शायद किसी भी शक्ति के लिए सम्भव नहीं होता फिर अंग्रेजी शक्ति की क्या बिसात थी। लोक-गीतों में मनोरंजन के माध्यम से अंग्रेजी शासन के अत्याचारों को इस प्रकार प्रस्तुत किया गया कि इसके प्रवाह को रोकने के लिए अंग्रेज कुछ भी नहीं कर पाये और खुद को भारतीय जन के समक्ष असहाय पाने लगे। गाँधी ने लोक के मन और उसकी संवेदना को अच्छी तरह से समझा-बूझा था। इसीलिए उन्होंने अंग्रेजी सत्ता के प्रतिरोध के लिए जो हथियार चुने वे अत्यन्त साधारण होते हुए भी अंग्रेजों के लिए मारक बन गये। लोक का यह प्रतिरोध

दिनोंदिन व्यापक-से-व्यापकतर होते हुए ऐसा स्वरूप ग्रहण कर लिया कि उसे गुलाम बनाकर अब नहीं रखा जा सकता था। लोक अपनी प्रकृति में ही स्वतन्त्र मन-मिजाजवाला होता है। और जब भारत को आजादी मिली तो यह स्वतन्त्र मन-मिजाजवाला लोक प्रफुल्लित हो उठा। अब उसकी आँखों में कुछ नये सपने और कुछ नयी उम्मीदे थीं। इसी उम्मीद के साथ आजादी की सुबह उसने एक नये युग में कदम रखा।

सन्दर्भ

1. मुक्तिबोध, गजानन माधव : भारत, इतिहास और संस्कृति, राजकमल प्रकाशन, नयी दिल्ली, 2009, पृ. 13
2. तिवारी, डॉ. श्रीमती विनोद, लोकगीतो का तुलनात्मक अध्ययन, साहित्यवाणी, इलाहाबाद, 1987 पृ. 233
3. वही, पृ. 226
4. द्रष्टव्य, चौमासा अंक-73, मार्च-जून 2007, भोपाल, पृ. 157-159
5. तिवारी, डॉ. श्रीमती विनोद, पृ. 276
6. सिंह, नामवर (सम्पा), नागार्जुन : प्रतिनिधि कविताएँ, राजकमल प्रकाशन, नयी दिल्ली, 2001, पृ. 117-118
7. सिंह, उदय नारायण, वीर कुँवर सिंह, परिशिष्ट, पृ. 335
8. सदूक्तिकर्णामृत, श्रीधरदास (सम्पादक) डॉ. सुरेशचन्द्र बनर्जी, फर्मा के. एल. मुखोपाध्याय कलकत्ता, 1965, 2234
9. त्रिपाठी, राधावल्लभ, संस्कृत कविता की लोकधर्मी परम्परा, संस्कृत परिषद्, सागर, 1986, पृ. 50
10. जलचन्द्र, सदूक्तिकर्णामृत, 2249
11. काव्यानुवाद, राधावल्लभ त्रिपाठी, संस्कृत कविता की लोकधर्मी परम्परा, पृ. 44
12. सोहनोक, सदूक्तिकर्णामृत, 2250
13. त्रिपाठी, राधावल्लभ, वही, पृ. 44
14. बद्रीनारायण, लोक-संस्कृति में राष्ट्रवाद, पृ. 77-78
15. बद्रीनारायण, उपर्युक्त 78
16. विपिनचन्द्र एवं अन्य, भारत का स्वतन्त्रता संघर्ष, पृ. 189

17. विपिनचन्द्र एवं अन्य, भारत का स्वतन्त्रता संघर्ष, पृ. 210
18. चौमासा, पृ. 124
19. रोहतगी, सरोजिनी, अवधी का लोक साहित्य, पृ. 232
20. चौमासा, पृ. 95-96
21. गाँधी महात्मा, मेरे सपनों का भारत, नवजीवन ट्रस्ट 1999, पृ. 102
22. रोहतगी, सरोजिनी, अवधी का लोक साहित्य, पृ. 32-33
23. मिश्र, श्रीधर, भोजपुरी साहित्य सांस्कृतिक, अध्याय पृ. 215

7

उपसंहार

लोक-जीवन और इतिहास एक-दूसरे से परस्पर आबद्ध हैं। इतिहास लोक-जीवन की निरन्तरता को समझने के लिए हमें दृष्टि प्रदान करता है जबकि आज लोक के बिना इतिहास की निर्मिति की कल्पना नहीं की जा सकती। लोक का महत्त्व प्राचीन काल से लेकर आज तक निरन्तर बना हुआ है और आगे भी जब हम अपनी जड़ों की तह में जाना चाहेंगे तो लोक का सहारा लेना ही पड़ेगा।

हमारे अध्ययन का मूल यह लोक और लोक में सदानीरा की तरह प्रवाहित लोक-गीत ही रहे हैं। ये लोक-गीत स्वयं में अपने समय एवं इतिहास को सही अर्थों में आज भी सँजोये हुए हैं। लोक-गीतों के अध्ययन से इतिहास के कई अछूते प्रसंग सामने आये हैं जिससे इतिहास का अब तक का बना-बनाया ढाँचा टूटा है। लोक अध्ययन के साथ ही इतिहास सही मायनों में जनता का इतिहास बन पाया है।

लोक सहज होता है। इसे कृत्रिम रूप से बनाया नहीं जाता अपितु यह अपने-आप आन्तरिक रूप से इस तरह बनता चला जाता है कि इसे व्याख्यायित नहीं किया जा सकता। लोक का सम्बन्ध अटूट होता है। घर, परिवार, गोत्र, जाति, धर्म, मुहल्ला, गाँव, भाईदारी, पट्टीदारी, नातेदारी, रिश्तेदारी, जजमानी आदि जो भी रूप हमें आज दिखायी पड़ते हैं इसी के द्वारा यह लोक सृजित होता है। यही लोक सृजित करता है अन्ततः राष्ट्र को ।

अपने को सहेजने का प्रयत्न लोक स्वयं करता है। सामान्य जीवन से जुड़े होने के कारण लोक अपने दस्तावेजों को अपने तरीके से संरक्षित करता है। लोक-गीतों, लोक-गाथाओं, लोक-मुहावरों, तुक्कड़ियों आदि के माध्यम से सहज तरीके से की गयी अभिव्यक्ति पीढ़ी-दर-पीढ़ी मौखिक रूप से हस्तान्तरित होती रहती है। पर्वों, त्योहारों और खेती-किसानी के अवसरों से जुड़े होने के कारण इन्हें अक्सर ही गाया जाता था जिससे स्मृतियाँ जीवन्त बनी रहती थीं। ये पर्व, त्योहार और खेती-किसानी से जुड़े अवसर ही लोक की नयी पीढ़ी के लिए पाठशाला का कार्य करते थे जिससे नयी पीढ़ी अपने अतीत से सहज तरीके से परिचित हो जाती थी। मैंने अपने इस अध्ययन में लोक से जुड़ी इन्हीं अभिव्यक्तियों को प्रमुखता प्रदान कर भारतीय स्वाधीनता आन्दोलन को समझने का प्रयत्न किया है।

अध्याय है—'लोक, लोक-गीत और इतिहास' इस अध्याय में मैंने लोक और लोक-गीतों को पूर्व के विद्वानों के विश्लेषण के आधार पर इनसे होनेवाली इतिहास की निर्मिति को समझने की कोशिश किया है। मौखिक इतिहास का पूरा वितान ही इस लोक पर आधारित है। अभिजात दृष्टि से अलग लोक ने अपने इतिहास को एक आम आदमी की नजर से देखा। यही नजर आज के इतिहास को अपनी सम्पूर्णता प्रदान करता है।

'लोक साहित्य और इतिहास लेखन' दूसरा अध्याय है। यह अध्ययन भोजपुरी लोक साहित्य के विशेष सन्दर्भ में किया गया है। लोक अध्ययन के लिए यह जरूरी है कि उस सम्बन्धित क्षेत्र की परम्परागत सांस्कृतिक चेतना, जीवन प्रवाह और जातीय विशेषताओं से पूरी तरह जानमीनि हुआ जाय। जन-जीवन का कतरा-कतरा सुरक्षित-संरक्षित रखनेवाले उस जन की स्थानीय बोली से परिचित होना भी अतीव आवश्यक है। यही नहीं इस लोक द्वारा की गयी काल की गणना भी बिलकुल अपनी तरह की है। लोक संवेदनाओं से जुड़ा व्यक्ति ही इस काल-गणना को महसूस कर आम आदमी के मन एवं जीवन को समझ सकता है। यह लोक ही है जिसने देश के लिए गोली खानेवाले, दर-दर की ठोकरे खाने वाले व्यक्ति को वह सम्मान प्रदान किया जिसे अभिजात इतिहासकार भी इतिहास लिखते समय उपेक्षित नहीं कर सका। लोक ने प्रतिरोध की वह भूमिका निभायी जो पहले अनदेखी रह जाती थी। आज वह सीधे तौर पर जब इतिहास लेखन में अपनी भूमिका निभाने लगा है तस्वीर बहुत हद तक

बदल गयी है। लोक-संस्कृति कभी जड़ नहीं हो सकती। उसमें हमेशा गत्यात्मकता बनी रहती है। इस गत्यात्मकता के मूल में अपने समय के साथ गहरा जुड़ाव ही है। इस लोक-संस्कृति में असहमति, विरोध और विद्रोह की परम्पराएँ रही हैं। गलत चीजों, गलत बातों का कड़ा प्रतिवाद है और यही गुण इसे वह विशिष्टता प्रदान करता है जो अन्यत्र दुर्लभ है। यदि हमें कल से आज और आज से कल की ओर जाना है तो हमें अपनी सांस्कृतिक विरासत से बहुत-कुछ लेना होगा। इन लोक-गीतों में ऐतिहासिक दृष्टि, जीवन-दर्शन एवं संस्कृति को समझने-बूझने के लिए बहुत-कुछ है। लोक के बिना हमारा सांस्कृतिक अध्ययन हमेशा अधूरा रहेगा। सांस्कृतिक अध्ययन के बिना इतिहास हमेशा अधूरा रहेगा। इसलिए वस्तुनिष्ठ इतिहास लेखन के लिए हमें लोक की शरण लेना ही पड़ेगा।

तीसरा अध्याय 'भोजपुरी लोक-गीतों में 1857' है। अब जो अध्ययन हो रहे हैं उससे यह बात साबित हो गयी है कि 1857 के विद्रोह की व्याप्ति कुछ इस प्रकार की थी कि यह फ्रान्सीसी क्रान्ति से कहीं अधिक व्यापक और गहरे प्रभाववाला साबित हुआ। सही मायनों में यह एक जनान्दोलन था कोई विद्रोह या षड्यन्त्र नहीं इस बात को लोक के अध्ययन ने ही साबित किया। कार्ल मार्क्स की दृष्टि इस व्यापक महत्त्ववाली घटना पर लगातार बनी रही और मार्क्स ने इसी क्रम में यह पाया कि भारतीय विद्रोह रैयतों से शुरू नहीं हुआ जिन्हें अंग्रेजों ने यातनाएँ दी थीं, अपमानित किया था और नंगा करके छोड़ा था बल्कि सिपाहियों से आया था जिन्हें अंग्रेजों ने वर्दी से सजाया था, खिलाया था, दुलराया था, तगड़ा किया था और सिर चढ़ाया था। यह अनायास नहीं है कि आधुनिक काल की किसी अन्य राष्ट्रीय घटना के मुकाबले 1857 के संग्राम पर लिखे गये लोक-गीतों की संख्या बहुत अधिक है। यह अंग्रेजों के खिलाफ आम जनता की घृणा को स्पष्ट रूप से अभिव्यक्त करती है। 1857 के संग्राम के बारे में आम ग्रामीणों की राय, उनके विचार उनकी गतिविधियाँ इन लोक-गीतों के माध्यम से ही पता चल पाती है। विभिन्न भौगोलिक क्षेत्रों में लोगों की 1857 में क्या और किस तरह की परेशानियाँ थीं, उनमें क्या पारस्परिक सम्बन्ध था और भौगोलिक स्थिति के अनुसार इनमें क्या फर्क थे, यह समझने के लिए इन लोक-गीतों का अध्ययन आवश्यक हो जाता है। चूँकि 1857 ई. के संग्राम पर लोक-गीत बहुतायत में उपलब्ध है अतः विस्तार-भय के कारण हमने इस

संग्राम के एक नायक वीर कुँवर सिंह को आधार बनाकर 1857 में लोक और लोक में 1857 का अध्ययन कर इसे समझने की कोशिश की है।

चौथा अध्याय 'क्रान्तिकारी आन्दोलन और भोजपुरी लोक-गीत' पर केन्द्रित है। नदियों के बीच की भूमि होने, बार-बार उजड़ने फिर बसने के वार्षिक उपक्रम ने भोजपुरी लोक को अन्दर से और मजबूत बनाया है। इसी वजह से इस क्षेत्र के लोगों में संघर्ष की भावना बड़ी तीव्रगामी होती है। अपनी मिट्टी के प्रति भोजपुरी लोक का जुड़ाव अनूठा है। जमीन इस लोक के लिए माँ के समान है जिसे वह किसी भी कीमत पर किसी को हस्तान्तरित करना नहीं चाहता। जब अंग्रेजों ने इस लोक के जड़ यानी जमीन पर अपना निशाना साधा, किसानों का शोषण शुरू किया तो लोक ने खुले तौर पर अपना प्रतिरोध जताया। यही कारण है कि राष्ट्रीय स्तर पर जब भी कोई क्रान्तिकारी घटना घटित हुई, तो इस लोक ने उसमें बढ़-चढ़कर भाग लिया। आर्थिक विपन्नता से त्रस्त भारतीय लोक अपने नायकों में वह छवि देखता था जो आगे बढ़कर उसे विपन्नता से मुक्ति दिला सके। जनता की यह आकांक्षा जन कवियों की रचनाओं में सहज ही देखी जा सकती है। इन जनकवियों ने प्रतीकात्मक रूप और प्रत्यक्ष रूप से क्रान्तिकारी गीतों की रचना की जिसने जनता को और उद्वेलित किया और लोगों के दिलो-दिमाग में क्रान्तिकारी चेतना रच-बस गयी।

'भोजपुरी लोक-गीतों में गाँधी जी' पाँचवाँ अध्याय है। गाँधी जी अपने जीवन व्यवहार के द्वारा शीघ्र ही लोक द्वारा ग्राह्य कर लिये गये थे। लोक ने गाँधी जी को पर्याप्त आदर देते हुए उन्हें जीवित ही किंवदन्ती बना डाला। जाति और धर्मप्रधान देश में वर्ण-व्यवस्था के तीसरे पायदान वैश्य वर्ग से सम्बन्ध देखनेवाले गाँधी जी को प्राय: पूरे देश ने जाति, धर्म, सम्प्रदाय, वर्ग, क्षेत्र की सीमा तोड़कर वह सम्मान प्रदान किया जो दूसरे नेता अर्जित कर पाने के बारे में कभी सोच तक नहीं सकते। लोक में गाँधी की व्याप्ति का ही यह असर था कि समकालीन नेताओं ने उन्हें 'राष्ट्रपिता' की उपाधि से नवाजने में कोई हिचक नहीं दिखाया। लोक-गीत गाँधी जी की इस लोक-व्याप्ति को स्पष्ट रूप से दर्शाते हैं। भोजपुरी लोक-गीतों में गाँधी जी के अध्ययन के क्रम में मैंने तुलनात्मक अध्ययन के लिए अन्य क्षेत्रों के लोक-गीतों में गाँधी जी के वर्णन की भी पड़ताल की है और गाँधी जी की लोक-व्याप्ति को व्यापक परिप्रेक्ष्य में देखने-समझने की कोशिश किया है। यह अनायास ही नहीं है कि लोक ने अपने

गीतों में गाँधी जी को राम और कृष्ण-जैसे संस्कृति-पुरुषों की परम्परा में रखा। यही नहीं गाँधी जी के चरखा को राम के धनुष, कृष्ण के चक्र सुदर्शन के समकक्ष रखते हुए पूरे भारत की जनता को उनकी सेना घोषित कर दिया। सही अर्थों में यह लोक-गीत ही हैं जो गाँधी के जनस्वरूप को उजागर करते हैं। अपने सिद्धान्त एवं व्यवहार में एकरूपता कायम कर गाँधी जी ने जनता का मन जीत लिया जिसे जीतने के बाद भारत को अंग्रेजी चंगुल से आजाद करना कोई मुश्किल काम नहीं रह गया।

अन्तिम अध्याय है 'भोजपुरी लोक-गीतों में प्रतिरोधी स्वर'। प्रतिरोध जीवन का मूल स्वर है। लेकिन सत्ताभोगी वर्ग सत्ता के मद में प्रतिरोध की चेतना को भूलकर मनमाना व्यवहार करने लगता है और तब यह लोक अपना प्रतिरोध सशक्त तरीके से व्यक्त करता है। आम तौर पर लोक का यह प्रतिरोध शोषण की मानसिकता और प्रवृत्ति के विरुद्ध होता है। समय के साथ यह लोक प्रतिरोध के अपने हथियार भी विकसित करता है जो ठोस और मारक होता है। वह लोक-गीतों, लोक गाथाओं में प्रतिरोध की खुली अभिव्यक्ति करता है। लोक की तरह उसकी कविता-कहानी भी एक सफल प्रतिवाद करती है और किसी भी जमाने में बाजार का अंग नहीं बन पाती। इस अध्याय के अन्तर्गत हमने लोक के इन प्रतिरोधी हथियारों का विश्लेषण करने की कोशिश किया है। महात्मा गाँधी जो अब तक राष्ट्रीय ख्याति प्राप्त कर चुके थे, लोक की इस प्रतिरोधी चेतना को समझते हुए उन प्रतीकात्मक चीजों को अपने अहिंसात्मक आन्दोलन का मुख्य अंग और हथियार बनाया। नमक के प्रति वफादारी की लोक-चेतना से गाँधी जी भलीभाँति अवगत थे और जब अंग्रेजों ने नमक पर कर लगाया तो गाँधी जी को वह अवसर मिल गया जिसकी ताक में वे थे। इसके पूर्व ही गाँधी जी ने लोगों से चरखा पर सूत कातने और उससे बने स्वदेशी वस्त्र पहनने की विनम्र अपील किया जिसका इस लोक ने बढ़-चढ़कर स्वागत किया। चरखा अब राष्ट्रीय एकता का मूल मन्त्र बन गया और इसने देश के लोगों को अपने सूत में बाँध कर एकीकृत कर दिया। अंग्रेज जो इस समय भारत और भारतवासियों को मनोवैज्ञानिक रूप से नीचा दिखाने और शासकीय अहंकार में चूर होकर अनेक अपमानजनक शब्दों को प्रयोग में ला रहे थे, का जवाब भी इस लोक ने राष्ट्र के प्रति लगाव और राष्ट्र के प्रति गौरव एवं स्वाभिमानवाले गीत गाकर किया। लोक की इस प्रतिरोधी चेतना के सामने अंग्रेजी शासक

समुदाय अवाक् और हतप्रभ था। उसके पास इसका कोई जवाब नहीं था। धीरे-धीरे गाँधी स्वयं इस लोक की प्रतिरोधी चेतना के प्रमुख अंग बन गये। लोक से गाँधी का जुड़ाव कुछ इस तरह का था कि ब्रिटिश भारत की सरकार अब उसकी उपेक्षा कर पाने की स्थिति में नहीं थी। पूरा देश क्रान्ति के स्तर पर अब तैयार हो चुका था जिसका उपयोग गाँधी जी ने 1942 ई. के भारत छोड़ो आन्दोलन के अन्तर्गत किया। लोक की प्रतिरोधी चेतना का चरम उस समय दिखायी पड़ता है जब उसने ठीक इसी समय जगह-जगह पर समानान्तर सरकारों का गठन करना शुरू किया और इन क्षेत्रों से ब्रिटिश शासन का पूरी तरह खात्मा कर दिया। इस अध्याय के अन्तर्गत हमने इन्हीं प्रतिरोधी हथियारों की पड़ताल करने की कोशिश की है जिसने अपने समय की महाशक्ति ब्रिटिश सत्ता और ब्रिटिश साम्राज्यवाद को निरुत्तर कर दिया।

इस प्रकार मैंने लोक के आलोक में उस भारतीय स्वतन्त्रता संघर्ष (1857-1947) को समझने का विनम्र प्रयत्न किया है जिसकी प्रायः अभी तक उपेक्षा ही की गयी थी।

•

परिशिष्ट

स्वतन्त्रता संग्राम से सम्बन्धित कुछ भोजपुरी लोक-गीत

(1)

खलबल भईले तब कुँवर सिंह सेना बीच,
बीबीगंज आई आयर बाग़ी, पर टुटेलनि नू।
तोप आ बन्दूकि उगिले लाल आगि ओने से,
त येने टाटा-हीन ही बन्दूकि लाठी बनलनि नू।।
आरा आ गांगी के लड़ाई सब सोखि लेलसि,
टोटा बारूदि ले दानापुर से लवलनि नू।
सेनानी कुँवर त चिन्तित ना भईल रंच,
बंक करि नैन सेना जंगल धरवलनि नू।

(तोफा राय की 'कुँवर पचासा' से उद्धृत- दुर्गाशंकर प्रसाद सिंह, भोजपुरी के कवि और काव्य, पृष्ठ 127)

(2)

येक-येक पेड़ पीछे येक-येक बीर जवान
नेजा संगीन खाँडा गहि छिपि बइठल नू।

एक-एक गोली चले धाँइ-धाँइ घहरे तोप,
झूंझ पानी पड़ी मेघ घहरि लौका लउकल नू।।
भइल घमासान फिरंगी सेना आगे बढ़लि
मार संगीन सुरू होखल नेजा चमकल नू।
बनि आईल रंग तब बीर कुंवर सिंह गरजल जब
बिजली अस तरूआरि चमचामाई लरजल नू।।

(तोफा राय की 'कुँवर पचासा' से उद्धृत- दुर्गाशंकर प्रसाद सिंह, भोजपुरी के कवि और काव्य, पृष्ठ 127)

(3)

खप्प करिअसि घुसे लोथि गिरे भूमि थप्प,
गोरा सिख कटत देखि आयर दहलल नू।
भूखल बाघ अस बीर भोजपुरी दल
पड़ल ललकारत हर बम्म-बम्म कहल नू।।
देवता देखे लागल जोगिनी भाखे लागल।
गोरन के रक्त लाल पी के पेट भरल नू।
ऊपर आकाश गरजे नीचे बीर कुँवर गरजे
गोरा फिरंग संग पावस होली खेलल नू।।

(तोफा राय की 'कुँवर पचासा' से उद्धृत- दुर्गाशंकर प्रसाद सिंह, भोजपुरी के कवि और काव्य, पृष्ठ 128)

(4)

खपाखप छूरी चललि छपाछप मूड़ी कटली,
टहकते सोनित के नदी धार बहलि नू।
चमकल उज्जैनी नेजा तीखा दुधारी तेगा,

बीर सिरोमनि कुँवर सेना ललकारल नू।।
इन्द्र डरे भागि गइल जमराज दउरि आइल।
खप्पर ले डाकिनी नाचे नाच लागलि नू।
झूमत कुँवर बाँका वइसे रन बीच जइसे,
कोपित सिंह दहाड़त हाथी दल पइठल नू।।

(तोफा राय की 'कुँवर पचासा' से उद्‌धृत- दुर्गाशंकर प्रसाद सिंह, भोजपुरी के कवि और काव्य, पृष्ठ 128)

(5)

हारत देखलसि जो आयर चालाक तब
पीछे से घुमा के दुतरफ़ी वार कइलसि नू।
जंगल के दूनो ओर जंग जुझार छिड़ल,
बीर सेनानी दूनों हाथ लोहा फेंकलसि नू।।
गजरा मुरई अस कटे लागल गोरा सिक्ख
लोथि प लोथि गिरल ढेरि काटि कैलसि नू।
हार फिरंग होइत गोला ना सहाय होइत
अगर हरकिसुन दगा कुँवर से ना करितस नू।।

(तोफा राय की 'कुँवर पचासा' से उद्‌धृत- दुर्गाशंकर प्रसाद सिंह, भोजपुरी के कवि और काव्य, पृष्ठ 129)

(6)

समुझि परी जब जईब कचहरी।
कुछ दिना झुललन गोद-हिंडोलवन, कुछु ना खेयाल करीं।
भानुमती के बदन निरेखल मानो मनोरमा बनी खड़ी,
ई तन पवल बड़ा भागि से खाल पशु पक्षी मछरी।
ई सब खाड़ घेरी पथ लेइहैं जइब जब जम नगरी ।

समुझि परी जब जईब कचहरी।
खाइल पियल लेल देल कागज बाकी सब निकसी
धरमराज जब लेखा लीहन लोहा के सोटवन मार परी,
आगे-पीछे चोपदार धइलेइ मुगदर जम के फाँस परी,
अगिन खम्भ में बान्हि के रखिहें, हाजिर जामिनी कोई ना करी।
आज्ञा गुरुशरण हरि कहल कहे, सुखदेव सुन भइया साधो,
पल-छन बीती तब घरी पे घरी
समुझि परी जब जईब कचहरी।

(सुखदेव जी द्वारा संगृहीत गीत, उद्धृत- दुर्गाशंकर प्रसाद सिंह, भोजपुरी के कवि और काव्य, पृष्ठ 159-60)

(7)

सत्याग्रह में नाम लिखाई, सँइय्या जेहल छौले जाई, रजऊ कइसे होई ना।
ओही जेहल के कोथरिया रजऊ कइसे होईहैं ना,
गोड़वा में बेड़िया, हाथ पड़ली हथकड़िया, रजऊ कइसे चलिहैं ना,
बोझा गोडवा में जनाई, रजऊ कइसे चलिहैं ना।।
घरवा तो सँइय्या कछु करते नाहीं रहले, अटवा कइसे पिसिहैं ना ।।
घर के जेवनवाँ उनका नीकौ नाहीं लागै, उहवाँ कइसे खइहैं ना,
जव के रोटिया, घाँसि के सगवा, उहवाँ कइसे खइहैं ना ।।
मखमल पर सोवै उनकर निनिया नाहीं आवै, उहवाँ कइसे सोईहैं ना ।।
'जगरनाथ' बुद्ध सत्याग्रह में नाम लिखइहैं,
जेहल उनहू जइहैं ना,
भारत माता के करनवा, जेहल उनहू जइहैं ना,
रजऊ कइसे होईहैं ना, ओही जेहल के कोठरिया,
रजऊ कइसे होईहैं ना।।

(जगन्नाथ राम जी द्वारा रचित गीत, उद्धृत- दुर्गाशंकर प्रसाद सिंह, भोजपुरी के कवि और काव्य, पृष्ठ 177-78)

(8)

गाँधी बाबा तोर बँसुरियाँ बाजे कौने-कौने ओर
अफ्रीका नेटाल में बाजी, विपदा होइगे थोर
चम्पारन खेडे में बाजी, कस्टा कस्ट घनघोर
सो बंसी अब बाज रही है, भारत में चहुँ ओर

(चौमासा के आलेख 'येसो जोगी न देखो' ले-
हरीमोहन पुरवार, पृ. 123)

(9)

सूर्य आओ प्रकट हो, हम बहुत आँसू बहा चुके
दु:ख को हल्का करो, लेनिन तुम्हारे ही समान था
अपनी ज्योति उसे भेंट करो, मैं बताये देता हूँ
तुम लेनिन की बराबरी नहीं कर सकते
दिन का अवसान होते ही तुम्हारी आभा क्षीण हो जाती है
पर लेनिन के प्रकाश का लोप नहीं होता

(देवेन्द्र सत्यार्थी- बेला फूले आधी रात, राजहंस प्रकाशन, दिल्ली,
1948, पृ. 404-405)

(10)

साडे बेहड़े सूरज चढ़िया सूरज चढ़िया
सूरज बेखड़ आओ गाँधी, आओ गाँधी
तूँ वी ते इक्क सूरज ए, इक्क सूरज ए
सूरज बेखड़ आओ गाँधी, आओ गाँधी
किक्कुण आवाँ भोलिये
मैनूँ कम्म हजार, कम्म हजार

मेरे चरखे चो निक्कलियाँ

अज्ज लम्मसलम्मा तार, लम्मसलम्मा तार,

अंग्रेज कहे मैं जा रिहा, जा रिहा

गाँधी आँखे बेलीया तूँ छेती जा, छेती जा

अंग्रेज कहे मेरे कण्डा खुब्भा, कण्डा खुब्भा,

गाँधी आँखे बेलीया दस्स कित्ते खुब्भा, कित्ते खुब्भा

गाँधी कण्डा खिच्च लिया, खिच्च लिया,

अंग्रेज पया अज्ज लम्मड़े राह, लम्मड़े राह,

लोकी भेड़े लड़ रहे गाँधी दा की दोष, की दोष,

हट के बैषे भेड़ियो बे कर देखो कुझ होश कुझ होश

सूरज रिशमा छड्डियाँ अज चमके धरती, चमके धरती,

गाँधी मत्था टेकिया अज खुश ये धरती, खुश ये धरती

अर्थात् मेरे आँगन में सूर्य उदय हुआ है, सूर्य उदय हुआ है,

सूर्य देखने के लिए आओ, हे गाँधी, आओ हे गाँधी,

तुम भी तो एक सूर्य हो, एक सूर्य हो,

सूर्य देखने के लिए आओ, हे गाँधी, आओ हे गाँधी

कैसे आऊँ भोली नारी

मुझे तो हजार कार्य करने हैं, हजार कार्य करने हैं,

मेरे चरखे से निकला है- आज लम्बा तार, लम्बा तार

अंग्रेज कहता है - मैं जा रहा हूँ, जा रहा हूँ,

गाँधी कहते हैं- मित्र तुम शीघ्र जाओ, शीघ्र जाओ,

अंग्रेज कहता है -मेरे काँटा चुभ गया, काँटा चुभ गया

गाँधी कहते हैं- कहो मित्र कहाँ चुभ गया, कहाँ चुभ गया,

गाँधी ने काँटा बाहर खींच लिया, खींच लिया

आज अंग्रेज लम्बे रास्ते पर चल पड़ा, लम्बे रास्ते पर चल पड़ा,

बुरे लोग लड़ रहे हैं, गाँधी का क्या दोष है, क्या दोष है,
हटकर बैठो, ओ बुरे लोगों, कुछ तो होश कर देखो होश कर देखो
सूर्य ने रश्मियाँ फैलायीं, आज धरती चमक रही है, धरती चमक रही है,
गाँधी ने नमस्कार किया- आज धरती खुश है, धरती खुश है,

(देवेन्द्र सत्यार्थी- बेला फूले आधी रात, राजहंस प्रकाशन, दिल्ली, 1948, पृ. 402-403)

(11)

तूँ साडे पिण्ड कदी वी न आया, भला मैंनूँ तेरी सौंह
तू देश आजाद कराया, भला मैंनूँ तेरी सौंह
वीराँ तो भैंणा खोह लइया, भला मैंनूँ तेरी सौंह
मावाँ तो धीयाँ खोह लइया, भला मैंनूँ तेरी सौंह
तैनूँ अजे वी सच्च न आया, भला मैंनूँ तेरी सौंह
तूँ देश आजाद कराया, भला मैंनूँ तेरी सौंह
इस पिण्ड दे लोक नादान, भला मैंनूँ तेरी सौंह
इस पिण्ड दे घर वीरान, भला मैंनूँ तेरी सौंह
इत्थे गिलझाँ झुरमुट लाया, भला मैंनूँ तेरी सौंह
तूँ देश आजाद कराया, भला मैंनूँ तेरी सौंह
अज भों दी हिक्क ते रत्त दिस्से, भला मैंनूँ तेरी सौंह
अज्ज धावाँ विच्चों पाक रिसे, भला मैंनूँ तेरी सौंह
रब्ब डाढे कहर कमाया, भला मैंनूँ तेरी सौंह
तूँ देश आजाद कराया, भला मैंनूँ तेरी सौंह

अर्थात्-

तुम हमारे गाँव कभी नहीं आये, भला मुझे तेरी सौगन्ध।
तुमने देश आजाद करा दिया, भला मुझे तेरी सौगन्ध।

भाइयों से बहनें छीन ली गयीं, भला मुझे तेरी सौगन्ध।
माताओं से पुत्रियां छीन ली गयीं, भला मुझे तेरी सौगन्ध।
तुमने देश आजाद करा दिया, भला मुझे तेरी सौगन्ध।
इस गाँव के लोग नादान हैं, भला मुझे तेरी सौगन्ध।
इस गाँव के घर वीरान हो गये, भला मुझे तेरी सौगन्ध।
यहाँ गिद्धों का झुरमुट आ पहुँचा, भला मुझे तेरी सौगन्ध।
तुमने देश आजाद करा दिया, भला मुझे तेरी सौगन्ध।
आज भूमि की छाती पर रक्त दिखायी देता है, भला मुझे तेरी सौगन्ध।
निर्मोही भगवान् ने कितना अन्याय दिखाया, भला मुझे तेरी सौगन्ध।
तुमने देश आजाद करा दिया, भला मुझे तेरी सौगन्ध।

(देवेन्द्र सत्यार्थी- बेला फूले आधी रात, राजहंस प्रकाशन, दिल्ली, 1948, पृ. 403-404)

(12)

तुम बूँद विलायती छोड़ो, हे सखी गाँधी बाबा आ रहे हैं।
तुम खद्दर पहना करो, हे सखी गाँधी बाबा आ रहे हैं।
तुम नथ और बाली छोड़ो, हे सखी गाँधी बाबा आ रहे हैं।
तुम मिल का चुन पिसाना छोड़ो, हे सखी गाँधी बाबा आ रहे हैं।
तुम घर का पिसा खाया करो, हे सखी गाँधी बाबा आ रहे हैं।
तुम फिल्मी गाने छोड़ो, हे सखी गाँधी के गीत गाया करो
हे सखी गाँधी बाबा आ रहे हैं।

(चौमासा के आलेख 'लोक-गीतों में राष्ट्र', लेखक- डॉ. रामनिवास शर्मा, पृ. 94)

(13)

देखो टूटे न चरखा को तार, चरखवा चालू रहै।
गाँधी महात्मा दूल्हा बने हैं, दुलहिन बनी सरकार,

सब रे वालण्टियर बने बराती, नउवा बनो थानेदार।
गाँधी महात्मा नेग खों मचले, दायेजे में माँगै सुराज,
ठाँडी गवरमेण्ट बिनती सुनावै, जीजा गौने में देबै सुराज।
(राष्ट्र गौरव पत्रिका, छतरपुर, मई, 1993, सम्पादक- दशरथ जैन)

यही गीत थोड़े-मोड़े हेर-फेर के साथ कई प्रारूपों में मिलता है। एक जगह यह इस प्रकार है-

(14)

मेरे चरखे का टूटे न तार, चरखवा चालू रहै।
गाँधी महात्मा दूल्हा बने हैं, दुलहिन बनी है सरकार,
सारे कांग्रेसी बने हैं बराती, पुलिस बनी है कहार
नेहरू जवाहर बने हैं नेगारे नउवा बनो थानेदार।
लार्ड लिनलिथगो दौर-दौर मनावै, जीजा गौने में देहै सुराज।
चरखवा चालू रहे
*(चौमासा के आलेख 'ऐसो जोगी न देखो' ले-
हरीमोहन पुरवार, पृ. 125)*

(15)

चरखा कातौ मेरी भैना प्रेम से जी
ए जी कोई जल्दी से होय सुधार
बढ़िया बढ़िया कातो मेरी भैना सूत खों जी
ए जी कोई पहने सब परिवार
माल विदेशी भैना मेरो त्याग दो जी
ऐसी कोई देसी खौं करो प्रचार
भारत माँ को चरखा लाड़लो जी,
ए जी जासे भयो हरिजन उद्धार
(चौमासा के आलेख 'येसो जोगी न देखो' ले- हरीमोहन पुरवार, पृ. 125)

(16)

काहें नइखीं बहिना से चरखा चलवावत
छूट जइते बनिया-कुबनिया आहो लाला
पलक उठाइ जब देस ओर तकतीं
छूट जइते बनिया-कुबनिया आहो लाला

(डॉ. श्रीधर मिश्र- भोजपुरी लोक साहित्य : सांस्कृतिक अध्ययन, हिन्दुस्तानी एकेडमी, इलाहाबाद, 1971, पृ 208)

(17)

जब चरखा चले, तब कर[illegible]ा मिले
कुरता धोती मिले, लहँगा साड़ी मिले
जब चरखा चले, नया फैशन उठे।
सारी रात कटे, सारा दुःख हटे, गाँधी का
गाँधी का चरखवा है जी प्यारा, गाँधी का।

(डॉ. श्रीधर मिश्र- भोजपुरी लोक साहित्य : सांस्कृतिक अध्ययन, हिन्दुस्तानी एकेडमी, इलाहाबाद, 1971, पृ 207-208)

(18)

विदेशी करो बहिष्कार इ होरी माँ।
मलमल डारौ, मखमल डारौ, लंकासायर का लट्ठ इ होरी माँ।
मेनचेस्टर की तंजेब होय धुआँधार इ होरी माँ। विदेसी.।।
गाँधी महातमा चरखा चलवाइन
खद्दर से कर लो पियार इ होरी माँ। विदेशी.।।

आजादी का डंका आलम में बजवा दिया गाँधी बाबा ने।
एक मोहन जेल माँ जनमे थे, इ मोहन जेल माँ रहति हैं।
उ मोहन गाय चरउते थे इ मोहन बकरी राखति अहैं।

(सरोजिनी रोहतगी, अवधी का लोक साहित्य,
नेशनल पब्लिशिंग हाउस, नयी दिल्ली, 1971, पृ. 328)

(19)

जात पाँत तोड़ कर देसी बना दव
डरखों भगाइ सरकारी
कर कर सत्याग्रह लड़ी रे लड़ाई
राजपाट छीनो दे तारी।
गाँधी को मानौ औतार
जे है सत्य अहिंसा के पुजारी।

(देवेन्द्र सत्यार्थी, बेला फूले आधी रात,
राजहंस प्रकाशन, दिल्ली, 1948, पृ. 405)

(20)

चना जोर गरम बाबू मैं लाया मजेदार चना जोर गरम
चने को गाँधी जी ने खाया
जा के डण्डी नमक बनाया
सत्याग्रह संग्राम चलाया, चना जोर गरम
तुम भी चना चबेना खाओ, खा के गाँधी जी बन जाओ
अंग्रेजों को मार भगाओ, चना जोर गरम

(21)

देवता बन के आये गाँधी, देवता बन के आये।
अड़बड़ अटपट काम करैं तैं, घर-घर अलख जगाये।
रामकृष्ण औतार ला जानेन, रावण कंस ला मारिन।
एहि देश ला राक्षस मन सो लड़ लड़ दुनो उबारिन।।
चक्र सुदर्शन धनुष बान ला रहिन दुनो जन धारे।
तैंहर सोज्झे मुँह माँ कहि के, अँग्रेजन ला हारे।।
सटका धर के पटकू पहिरे- चर्चिल ला चमकार। गाँधी...
हमर देश के अन्न ला धन ला, जन ला जन्मों लूटिन,
परदेशियन के लड़वाय ले, भाई से भाई छूटिन।
देश ला करि के निचट निहत्था, उल्टा मारिन सेखी।
वोहे गुलामी करत रहेन हम उखरे देखा देखी।।
तै आँधी ला हमर उछारे, जम्मो पोल बताये।। गाँधी...
पंचम जार्ज तोर दर्शन बर, तोला बिलायत बलाइस,
छैरी बोकरी तौर संग माँ गोल मेज हो आइस।
राजा के आगू माँ तै फेर बैठे देस के दसा बताये।
आपन जादू के डण्डा फेरे, ओहूला अपन बनाये।
पटुका पहिरे राजा घलों सो, हाथ माँ हाथ मिलाये।। गाँधी...
तोर करनी ला कतेक बतावो-सकती नयी है भारी।
देश विदेश गाँव गाँव माँ तोरेच, चरखा जारी।
तैं उपास कर कर के मौनी बन के करे तपस्या।
अंग्रेजी आँगुन ला मेटे, टोरे जमो समस्या।।
साठ बछर ले धरी अहिंसा, पथरा ला पिघलाये।। गाँधी...
पोठ रहिस परिवार तोर बालिस्टर घलो रहैं तैं।
देश के खातिर धन जन छोड़ै विपत में विपत सहैं तैं।
जहल घरो माँ डालिन तोरा, अकड़ै उहौं रहै तैं।

ले के छोड़िहों मैं सुराज जा अन के उहौ कहै तैं।।
जै जै कार होय तोर गाँधी– कलजुग माँ कलपाये।। गाँधी...
तौ पन्द्रह सैंतालीस माँ सुराज ला पाये।
देत देत माँ ओहू लाँ बाटिन एमोलै तै रजियाये।।
कोनो किसिम से लाली मुँह के बेंदरा लाल भगावै।।
जम्मो जात रहिस तेखर लै तैं हर बहुत बचाये।।
एती बनावो जैसन बनहीं, तैं तो अमर कहाये।।
गाँधी देवता बनि के आये।।

सन्दर्भ-ग्रन्थ सूची

1. संस्कृत भाषा के सहायक ग्रन्थ

1. अथर्ववेदः (सम्पादक, आर. रीथ और डब्ल्यू. व्हिटने, बर्लिन), 1856, सम्पादक, श्रीपाद शर्मा, औधनगर, 1938
2. ऋग्वेद (सायण भाष्य सहित), सम्पादक- एफ. मैक्समूलर, 1890-92 वैदिक संशोधन मण्डल, पूना, 1933-51
3. गौतम धर्मसूत्र (हरदत्त टीका सहित), आनन्दाश्रम संस्कृत सीरीज, 1910
4. पारस्कर गृह्यसूत्र, गुजराती प्रेस संस्करण, 1971
5. गाथासप्तशती : हाल
6. सदूक्तिकर्णामृतः सम्पादन- डॉ. सुरेशचन्द्र बनर्जी, फर्मा के. एल. मुखोपाध्याय, कलकत्ता, 1965
7. सिद्धान्त कौमुदी, वेंकटेश्वर प्रेस, मुम्बई, 1989
8. वृहदारण्यक उपनिषद्, उपनिषद् निर्णय सागर प्रेस, मुम्बई
9. जैमिनीय उपनिषद् ब्राह्मण, उपनिषद् निर्णय सागर प्रेस, मुम्बई
10. रामायण (वाल्मीकि कृत) गीता प्रेस, गोरखपुर
11. महाभारत, (नीलकण्ठ की टीका सहित), पूना, 1929-1933, गीता प्रेस, गोरखपुर

2. अंग्रेजी भाषा के सहायक ग्रन्थ

1. मजूमदार, आर. सी. : हिस्ट्री ऑफ फ्रीडम मूवमेण्ट, तीन खण्ड, कलकत्ता, 1962-1963
2. मेसेलोस, जिम : नेशनलिज्म आन इण्डियन सब-काण्टिनेण्ट एन इण्ट्रोडक्टरी हिस्ट्री, मेलबोर्न, 1972
3. पाण्डेय ज्ञानेन्द्र : रैलिंग राउण्ड द काउ सेक्टेरियन स्ट्राइक इन भोजपुर रिजन, 1881-1917, सेण्टर फार स्टर्डीज इन सोशल साइन्सेज, 1981
4. थामस पी. : इपिक्स मिथ्स एण्ड लिनेण्डस ऑफ इण्डिया, बाम्बे, 1961
5. वटुक, वेदप्रकाश : स्टडीज इन इण्डियन फोक ट्रेडिशन, नयी दिल्ली, मनोहर, 1979
6. विद्यार्थी, एल. पी. और गणेश चौबे : बिहार इन फोकलोर स्टडी, कलकत्ता, इण्डियन वलिफ्रेन्शस, 1911

3. हिन्दी भाषा के सहायक ग्रन्थ

1. एडर्नो, टी. डब्ल्यू. : संस्कृति उद्योग (अनुवाद- रामकवीन्द्र सिंह), ग्रन्थशिल्पी, नयी दिल्ली, 2006
2. अली, मुबारक : इतिहास का मतान्तर (अनुवाद- प्रेम कपूर), राजकमल प्रकाशन, नयी दिल्ली, 2002
3. अमरकान्त : इन्हीं हथियारों से, राजकमल प्रकाशन, नयी दिल्ली, 2008
4. अमीन, शाहिद एवं पाण्डेय ज्ञानेन्द्र : निम्नवर्गीय प्रसंग, भाग-1, राजकमल प्रकाशन, नयी दिल्ली, 2010
5. निम्नवर्गीय प्रसंग, भाग-2, राजकमल प्रकाशन, नयी दिल्ली, 2002
6. बद्रीनारायण : लोक-संस्कृति एवं इतिहास, लोकभारती प्रकाशन, इलाहाबाद, 1994
7. बद्रीनारायण : लोक-संस्कृति में राष्ट्रवाद, लोकभारती प्रकाशन, इलाहाबाद, 2011
8. विपिन चन्द्र एवं अन्य : भारत का स्वतन्त्रता संघर्ष, हिन्दी माध्यम कार्यान्वयन निदेशालय, दिल्ली विश्वविद्यालय, दिल्ली, 1995
9. ब्लाख मार्क : इतिहासकार का शिल्प (अनुवाद- बृजबिहारी पाण्डेय), ग्रन्थशिल्पी, नयी दिल्ली, 2006
10. चट्टोपाध्याय, बंकिमचन्द्र : आनन्द मठ (अनुवाद- दिलीप कुमार बनर्जी), राजकमल प्रकाशन, नयी दिल्ली, 2002
11. चौधरी, प्रसन्न कुमार एवं श्रीकान्त : 1857 बिहार झारखण्ड में महायुद्ध, राजकमल प्रकाशन, नयी दिल्ली, 2008
12. देउस्कर, सखाराम गणेश : देश की बात (अनुवाद- बाबू राव विष्णु पराड़कर), नेशनल बुक ट्रस्ट इण्डिया, नयी दिल्ली, 2005
13. दिनकर, रामधारीसिंह : संस्कृति के चार अध्याय, लोकभारती प्रकाशन, इलाहाबाद, 2011
14. गाँधी, महात्मा : मेरे सपनों का भारत (सम्पादक- सिद्धराज ढड्ढा), नवजीवन ट्रस्ट, अहमदाबाद, 1999
15. गौतम, सुरेश : लोक साहित्य, संजय प्रकाशन, दिल्ली, 2008
16. घोष, श्यामसुन्दर : लोक साहित्य विविध प्रसंग, साहित्य संगम, इलाहाबाद, 1995
17. हाली, मौलाना अल्ताफ हुसैन : मुकद्दमा ए शेर ओ शायरी (अनुवाद- हंसराज रहबर, सुरेशचन्द्र गुप्त, ख्वाजा बदीउज्जमा), साहित्य अकादमी, नयी दिल्ली, 2007
18. हुसैन, तैय्यब : (सम्पा.) भोजपुरी नाटक, नेशनल बुक ट्रस्ट इण्डिया, नयी दिल्ली, 2011
19. जोशी, राजेश : समकालीनता और साहित्य, राजकमल प्रकाशन, नयी दिल्ली, 2010
20. जोशी, पी. सी.: इन्कलाब 1857 (अनुवाद- हीरालाल कर्नावट) नेशनल बुक ट्रस्ट इण्डिया, नयी दिल्ली, 2007

21. जोशी, पूरन चन्द्र : स्वप्न और यथार्थ, राजकमल प्रकाशन, नयी दिल्ली, 2003
22. खिलनानी सुनील : भारतनामा (अनुवाद- अभय कुमार दुबे), राजकमल प्रकाशन, नयी दिल्ली, 2002
23. कृपलानी कृष्ण : गाँधी एक जीवन (अनुवाद- नरेश नदीम), नेशनल बुक ट्रस्ट इण्डिया, नयी दिल्ली, 2011
24. लाल, सुन्दर : भारत में अँगरेजी राज, प्रकाशन विभाग, नयो दिल्ली
25. मारविक, आर्थर : इतिहास का स्वरूप (अनुवाद-लालबहादुर वर्मा), ग्रन्थशिल्पी, नयी दिल्ली, 2009
26. मित्र, दीनबन्धु : नीलदर्पण (अनुवाद-नेमिचन्द्र जैन), भारतीय ज्ञानपीठ, नयी दिल्ली, 2006
27. मिश्र, विद्यानिवास : (सम्पादन) : वाचिक कविता भोजपुरी, भारतीय ज्ञानपीठ, नयी दिल्ली, 2003
28. मिश्र, विद्यानिवास : (सम्पादन) : वाचिक कविता अवधी, भारतीय ज्ञानपीठ, नयी दिल्ली, 2003
29. मिश्र, श्रीधर : भोजपुरी लोक साहित्य : सांस्कृतिक अध्ययन, हिन्दुस्तानी एकेडमी, इलाहाबाद, 1971
30. मिश्र, श्रीधर : भोजपुरी लोकगीतों के विविध रूप, बिहार राष्ट्रभाषा परिषद्, पटना
31. मुखर्जी, राधाकुमुद : हिन्दू सभ्यता (अनुवाद-वासुदेव शरण अग्रवाल), राजकमल प्रकाशन, नयी दिल्ली, 2010
32. मुक्तिबोध, गजानन माधव : भारत : इतिहास और संस्कृति, राजकमल प्रकाशन, नयी दिल्ली, 2009
33. नागर, अमृतलाल : आँखों देखा गदर, राजपाल, नयी दिल्ली, 2003
34. पाण्डेय, मैनेजर : साहित्य और इतिहास-दृष्टि, वाणी प्रकाशन, नयी दिल्ली, 2009
35. पनिक्कर, के. एन. : औपनिवेशिक भारत में सांस्कृतिक और विचारधारात्मक संघर्ष (अनुवाद-आदित्य नारायण सिंह), ग्रन्थशिल्पी, नयी दिल्ली, 2010
36. परमार, श्याम : मालवी लोक साहित्य, हिन्दुस्तानी एकेडमी, इलाहाबाद, 1969
37. पाठक, दुर्गा : छत्तीसगढ़ी एवं बुन्देली लोकगीतों का तुलनात्मक अध्ययन, साहित्य संगम, इलाहाबाद, 1994
38. प्रसाद, कमला (सम्पादन) : लोक साहित्य और संस्कृति, साहित्यवाणी, इलाहाबाद, 1994
39. रोहतगी, सरोजिनी : अवधी का लोक साहित्य, नेशनल पब्लिशिंग हाउस, दिल्ली, 1971
40. रुद्र, शिवप्रसाद मिश्र : बहती गंगा, राधाकृष्ण प्रकाशन, नयी दिल्ली, 2010
41. सरकार, सुमित : आधुनिक भारत, राजकमल प्रकाशन, नयी दिल्ली, 2010
42. सावरकर, विनायक दामोदर : 1857 का स्वातन्त्र्य समर, प्रभात पेपरबैक्स, नयी दिल्ली, 2011
43. शर्मा, हरिद्वारी लाल : साहित्य और कला, हिन्दी साहित्य सम्मेलन, इलाहाबाद, 1959

44. शर्मा, हरिद्वारी लाल : लोकवार्त्ता विज्ञान, उत्तर प्रदेश हिन्दी संस्थान, लखनऊ, 1990
45. शर्मा, रामविलास : भारतेन्दु हरिश्चन्द्र और हिन्दी नवजागरण की समस्याएँ, राजकमल प्रकाशन, नयी दिल्ली, 2009
46. शर्मा, रामविलास : भारतीय संस्कृति और हिन्दी प्रदेश, भाग-1, 2 किताबघर, नयी दिल्ली, 2010
47. शर्मा, रामविलास : भारत में अंग्रेजी राज और मार्क्सवाद, राजकमल प्रकाशन, नयी दिल्ली, 2004
48. शर्मा, रामविलास : स्वाधीनता संग्राम : बदलते परिप्रेक्ष्य, हिन्दी माध्यम कार्यान्वयन निदेशालय, नयी दिल्ली, 2010
49. शास्त्री, प्रभात : राहुल रचनामृत, हिन्दी साहित्य सम्मेलन, इलाहाबाद, 1993
50. शिशिर, कर्मेन्दु : 1857 की राजक्रान्ति, विचार और विश्लेषण, अनामिका पब्लिशर्स एण्ड डिस्ट्रीब्यूटर्स, नयी दिल्ली, 2008
51. शिशिर, कर्मेन्दु : (सम्पादन): भोजपुरी होरी गीत, भोजपुरी अकादमी, पटना, 1983
52. सिन्हा, सत्यव्रत : भोजपुरी लोकगाथा, हिन्दुस्तानी एकेडमी, इलाहाबाद, 1957
53. सिंह, अयोध्या : भारत का मुक्ति संग्राम,
54. सिंह, चन्द्रबली : लोकदृष्टि और हिन्दी साहित्य, पीपुल्स लिटरेरी, नयी दिल्ली, 1986
55. सिंह, जीवन : कविता की लोक प्रकृति, अनामिका प्रकाशन, इलाहाबाद, 1990
56. सिंह, दुर्गाशंकर प्रसाद : भोजपुरी लोकगीतों में करुण रस, हिन्दी साहित्य सम्मेलन, इलाहाबाद, 1965
57. सिंह, दुर्गाशंकर प्रसाद : भोजपुरी के कवि और काव्य, बिहार राष्ट्रभाषा परिषद्, पटना,
58. सिंह, मुरली मनोहर प्रसाद, चंचल चौहान : 1857 : इतिहास, कला और साहित्य, राजकमल प्रकाशन, नयी दिल्ली, 2010
59. सिंह, नमिता एवं कुंवरपाल : 1857 और जनप्रतिरोध, नवचेतन प्रकाशन, दिल्ली, 2008
60. सिंह, नामवर : नागार्जुन : प्रतिनिधि कविताएँ, राजकमल प्रकाशन, नयी दिल्ली, 2001
61. सिंह, सुधीर रंजन : हिन्दी समुदाय और राष्ट्रवाद, राजकमल प्रकाशन, नयी दिल्ली, 2009
62. सिंह, उदय नारायण : वीर कुँवर सिंह, शब्दपीठ, इलाहाबाद, 2002
63. श्रीवास्तव, शैलेश : भोजपुरी संस्कार गीत और प्रसार माध्यम, वाणी प्रकाशन, नयी दिल्ली, 2009
64. तिवारी, डॉ. श्रीमती विनोद : लोकगीतों का तुलनात्मक अध्ययन, साहित्यवाणी, इलाहाबाद, 1987

65. तिवारी, उदय नारायण : भोजपुरी भाषा और साहित्य, बिहार राष्ट्रभाषा परिषद्, पटना, 2011
66. त्रिपाठी, राधावल्लभ : संस्कृत कविता की लोकधर्मी परम्परा, संस्कृत परिषद्, सागर, 1986
67. त्रिपाठी, रामनरेश : कविता कौमुदी
68. त्रिपाठी, रंजना : पूर्वी उत्तर प्रदेश के लोकगीतों में शास्त्रीयता, हिन्दुस्तानी एकेडेमी, इलाहाबाद, 2009
69. उपाध्याय, भगवत शरण : भारतीय समाज का ऐतिहासिक विश्लेषण, वाणी प्रकाशन, नयी दिल्ली, 2004
70. उपाध्याय, कृष्णदेव : भोजपुरी लोकगीत, भाग-1, 2 हिन्दी साहित्य सम्मेलन, इलाहाबाद, 1990
71. उपाध्याय, कृष्णदेव : लोक साहित्य की भूमिका, साहित्य भवन, इलाहाबाद, 2000

4. पत्र- पत्रिकाएँ

1. अनहद, इलाहाबाद
2. आजकल, नयी दिल्ली
3. आलोचना, नयी दिल्ली
4. उद्भावना, अलीगढ़
5. कथ्यरूप, इलाहाबाद
6. चौमासा, भोपाल
7. जनपद, आरा
8. तद्भव, लखनऊ
9. नया पथ, नयी दिल्ली
10. बतकही, इलाहाबाद
11. बोली-बानी, गौरीगंज, सुल्तानपुर
12. बहुवचन, वर्धा
13. समकालीन भोजपुरी साहित्य, आरा
14. सूझबूझ, जमशेदपुर
15. सम्मेलन-पत्रिका, इलाहाबाद
16. हिन्दी कलम, इलाहाबाद
17. पाती, बलिया

●●●